추세에 관한
6가지 트레이딩 시스템

NEW CONCEPTS IN TECHNICAL TRADING SYSTEMS

Copyright © 1978 by J. Welles Wilder, Jr.

Korean edition copyright © 2025 by IREMEDIA Co., Ltd.

All rights reserved. This Korean edition published by arrangement with Delta Society International through Shinwon Agency Co., Republic of Korea.

NEW CONCEPTS IN TECHNICAL TRADING SYSTEMS

웰스 와일더(Welles Wilder) 지음 | 이주영 옮김

상대강도지수(RSI) 창시자 와일더가 직접 쓴 8가지 투자 기법

추세에 관한 6가지 트레이딩 시스템

감사의 말

이 책이 나올 수 있도록 도움을 준 이들에게 진심으로 감사의 말씀을 전하고 싶습니다.

책에 제시된 그래프, 워크시트 및 도표를 완성하기 위해 많은 시간을 할애한 리처드 C. 미킨스Richard C. Meekins에게 감사드립니다.

항상 따끈따끈한 커피를 준비해 주고, 최종본이 나오기까지 원고와 씨름해 준 '유능한 사무 보조원' 캐롤 로슨Carol Lawson에게 감사드립니다.

6장의 도표는 코모디티 퍼스펙티브Commodity Perspective, 327 S. La Salle, Chicago, Illinois, 60604의 허가를 받아 재발행되었습니다.

서론

 이 책에 제시된 개념, 방법, 시스템은 수년 동안 시장을 연구한 결과물이자, 엄격한 기술적 접근 방식을 통해 완성해 낸 것이다. 참고로 단순히 재미를 주고자 쓴 책이 아니다. 독자들에게 특정 개념을 소개하고, 시장 거래에 활용할 수 있는 방법론과 지표들을 제공하는 데 목적이 있다. 이 책에 실린 모든 내용은 독창적이다. 다른 사람의 작업물에서 차용한 것은 단 하나도 없음을 밝히는 바다. 이 책의 내용은 트레이딩 시스템에 익숙한 노련한 전문가들뿐만 아니라 초심자도 이해할 수 있을 만큼 쉽게 쓰였다. 다만 초심자는 여러 번 읽어야 할 수도 있다. 컴퓨터에 능숙한 사람이라면 정보가 지나치게 단순화되었다고 생각할 수 있다. 하지만 평범한 트레이더들이 쉽게 따라 할 수 있을 만큼 합리적인 수준에서 내용을 설명하였다고 믿는다.

 상대적으로 저렴한 비용 덕분에 프로그래밍이 가능한 계산기(programmable calculator, 이하, 프로그래밍 계산기)는 기술 트레이더에게 없어서는 안 될 도구가 되었다. 이 책에 나오는 모든 시스템과 지표들은 시중에 판매되는 대부분의 프로그래밍 계산기를 이용해 프로그래밍할 수 있다. 일반적으로 프로그래밍 계산기를 판매하는 곳에는 계산기에 사용할 프로그램을 짤 수 있는 직원이 있다. 그들이라면 이 책에 나오는 시스템의 일부 또는 전부를 쉽게 프로그래밍할 수 있을 것이다.

프로그래밍 계산기를 사용하여 시스템을 따라 하는 방법은 매우 간단하다. 최신 가격 데이터를 입력하고 계산 버튼을 누르기만 하면, 결괏값이 화면에 표시되거나 1초 이내에 인쇄물로 출력된다.

대부분의 프로그래밍 계산기에는 특정 프로그램과 데이터를 마그네틱 카드에 저장할 수 있는 기능이 있다. 따라서 마그네틱 카드를 변경하기만 하면 몇 초 만에 한 시스템에서 다른 시스템으로 변경할 수도 있다.

이 책에서는 휴렛팩커드Hewlett Packard의 휴대용 프로그래밍 계산기인 HP-41 CV, Apple II Plus와 Apple IIe 컴퓨터, IBM-PC 컴퓨터를 사용해 시스템을 프로그래밍했다. 아래 주소로 요청할 경우, 위에서 언급한 컴퓨터 모델에 사용할 수 있는 새로운 소프트웨어 패키지를 소개하는 안내 책자를 받아 볼 수 있다.

Trend Research, Ltd.
P.O. Box 128, McLeansville, NC, 27301
(919) 698-0500

| 각 주제의 구분 |

이 책은 10개의 장으로 구성되어 있다. 이렇게 구분한 이유는 1장을 제외한 다른 장들은 이전 장이나 다음 장과 무관하게 독립적으로 학습할 수 있기 때문이다.

1장은 다른 모든 장에 적용되는 기본적인 분석 도구와 정의에 관해 다루고 있으므로 먼저 읽는 게 좋다. 예를 들어, 추세에 관심이 있는 사람이라면 1장을 먼저 읽은 뒤 2, 3장을 건너뛰고 바로 4장을 읽어도 된다.

다만 이 책에서 다룰 시스템을 이용해 **거래를 시작하기에 앞서** 반드시 9장과 10장을 읽기를 권한다.

워크시트

이 책에서 소개하는 각각의 지표와 시스템을 매일매일 쉽게 따라 할 수 있도록 일일 워크시트를 개발하였다.

도표 해석 기법인 **상대강도지수**Relative Strength Index, RSI를 제외한 모든 지표와 시스템은 일일 워크시트를 이용하는 것만으로도 충분히 따라갈 수 있다. 일부 트레이더는 시각자료로써 도표를 이용하고 싶어 하지만, 반드시 도표를 만들어야 하는 것은 아니다.

각 장의 마지막 부분에는 지표나 시스템과 관련한 워크시트 작성 예시가 제공된다. 본문을 읽어도 트레이딩 방법을 이해하지 못했다면, 일일 워크시트 예시를 따라라. 차차 알게 될 것이다.

부록으로 빈 워크시트가 제공되어 있다. 일반적인 사무용 복사기로 언제든 복사해 매일 특정 시스템을 따르는 데 사용할 수 있다.

차트

이 책에서 설명하는 시스템을 따르기 위해 차트를 구성할 필요는 없다. 그러나 대부분의 기술 트레이더는 좋은 차트 분석 서비스를 구독한다.

나는 코모디티 퍼스펙티브Commodity Perspective의 차트를 선호한다. 그 이유는 상품과 가격이 각각 높이 33cm, 너비 25cm 규격의 페이지에 별도로 인쇄되기 때문이다. 최근 가격 다음에는 차주의 차트를 업데이트할 수 있는 충분한 공간이 제공된다. 이 차트는 매주 월요일 아침에 받아 볼 수 있으며, 직전 금요일까지의 정보가 업데이트되어 있다.

코모디티 퍼스펙티브 차트의 예시는 **상대강도지수**를 설명하고 있는 6장에 첨부되어 있다. 이러한 유형의 차트에 관심이 있는 사람은 다음 주소를 통해 구독할 수 있다.

Investor Publishing, Inc.
327 South La Salle, Chicago, Illinois, 60604

| 매개변수의 범위 |
| (무한한 시스템) |

트레이더들에게 하나의 트레이딩 시스템을 제시했을 때 생길 수 있는 문제 중 하나는 두려움을 유발한다는 것이다. 모든 트레이더가 동일한 시스템을 가지고 거래하면 같은 지점에 주문이 몰리기 때문에, 더 불리한 지점에서 주문이 실행될 거라는 두려움이다. 이러한 문제는 다양한 매개변수를 제공함으로써 완화될 수 있다. 시스템 사용자는 주어진 범위에서 자기 입맛에 맞는 매개변수와 상수를 선택할 수 있다.

이에 대한 예를 들어 보겠다. 어떤 가상의 시스템에서 매수 거래 이후 발생한 새로운 고점에서 P 지점까지 30% 반전될 때 거래가 청산되는 것으로 매개변수가 설정되어 있다고 가정해 보자. 이 경우 상수는 0.3이다. 즉 매수 이후 도달한 최고점에서 가상의 P 지점까지의 수직 거리를 측정한다. 고점에서 해당 거리의 30%에 해당하는 수를 뺀 지점에서 청산 가격이 결정된다[만약 어떤 트레이더가 특정 자산을 매수한 이후 도달한 최고점이 200이라고 하자. 가격이 하락하기 시작하면 청산하고 싶어질 것이다. P 지점의 가격이 180이라고 했을 때 최고점에서 P 지점까지의 수직 거리는 20(=200-180)이 된다. 따라서 청산 지점은 200에서 6(20의 30%)을 뺀 194가 된다—역주].

여기서 궁금증은 '어떤 이유에서 가장 적합한 상수로 30%를 설정했을까?'이다. 만약 하나의 특정 상품이나 주식을 8번만 거래해 본 뒤 결정한 상수라면, 이를 조금만 변경해도 좋지 못한 거래로 이어질 수 있을 것이다. 반면 만약 20개의 서로 다른 상품을 400번 거래한 경험을 바탕으로 결정한 상수라면, 29%나 31%—혹은 28.4%나 31.6%—로 설정한다 하더라도 동일한 결과를 얻을 것이다. 물론 27%나 33%를 사용하면 전반적인 수익이 감소할 것이고, 20%나 40%를 사용한다면 급격한 수익의 감소를 경험하게 될지도 모른다.

이 가상의 결과는 '종형 곡선bell curve'에 비유될 수 있다.

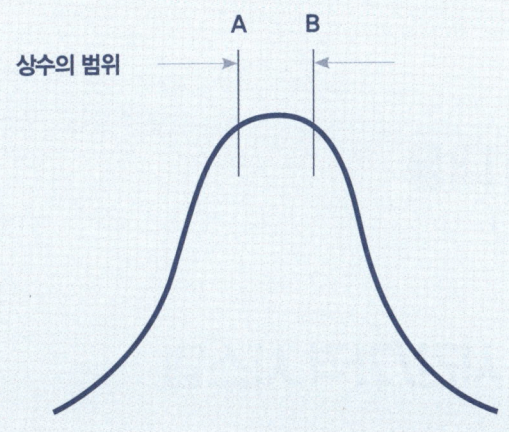

점 A는 범위의 하한선인 28%를 나타내고, 점 B는 범위의 상한선인 32%를 나타낸다. 트레이더가 28%에서 32% 사이의 상수를 사용하는 한, 장기적으로 거의 동일한 결과가 나타날 것이다.

'종형 곡선' 비유는 (가능한 경우) 이 책에서 언급하는 시스템들의 주어진 상수 범위에 적용할 수 있다.

차 례

감사의 말 ···5
서론 ···6
각 주제의 구분 ···8
매개변수의 범위 ···10

PART 1
바탕이 될 내용 ······ 15

PART 2
파라볼릭 시간/가격 시스템 ······ 23

PART 3
변동성 ······ 47

PART 4
방향성 ······ 69

PART 5
모멘텀 ······ 103

PART 6
상대강도지수
······ **127**

PART 7
반응 추세 시스템
······ **145**

PART 8
스윙 인덱스 Swing Index
······ **177**

PART 9
상품 선택 지수
······ **221**

PART 10
자산 관리
······ **233**

부록
용어 및 약어 ··· **239**
일일 워크시트 ··· **242**

PART 1

바탕이 될 내용

기본 개념

대부분의 트레이더는 다음 막대bar, 바가 한 거래일을 나타낸다는 것을 금방 알아차릴 것이다.

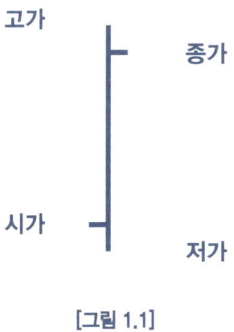

[그림 1.1]

막대의 위쪽 끝점은 해당 일에 주식 또는 상품이 거래된 최고 가격을 나타낸다. 막대의 아래쪽 끝점은 해당 일에 주식이나 상품이 거래된 가장 낮은 가격을 의미한다. 막대 왼쪽의 짧은 가로선은 시가를, 오른쪽의 짧은 가로선은 종가를 나타낸다.

이 책 전반에 걸쳐 LOP 및 HIP라는 용어가 등장할 것이다. LOP는 Low Point의 약자로, 전일 막대와 다음 날 막대보다 저가가 낮을 때를 의미한다.

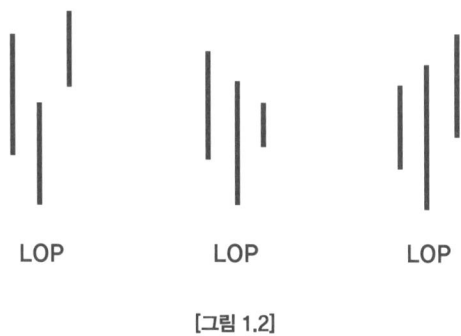

[그림 1.2]

HIP는 High Point를 의미하며, 전일 막대와 다음 날 막대보다 고가가 더 높은 경우다.

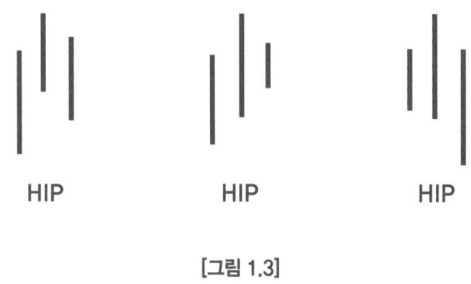

[그림 1.3]

반복적으로 등장할 또 다른 표현은 Significant Point를 나타내는 SIP이다. SIP는 HI SIP 또는 LO SIP로 구분할 수 있다. HI SIP는 매수 포지션일 때 도달한 최고 가격으로, LO SIP는 매도 포지션일 때 도달한 최저 가격으로 정의된다.

SIC는 Significant Close의 약자로, 거래 기간 중 가장 유리한 종가를 의미한다. 매수 포지션에서 SIC는 거래 기간 중 가장 높은 종가인 High SIC이다. 매도 포지션에서는 거래 기간 중 가장 낮은 종가인 Low SIC이다.

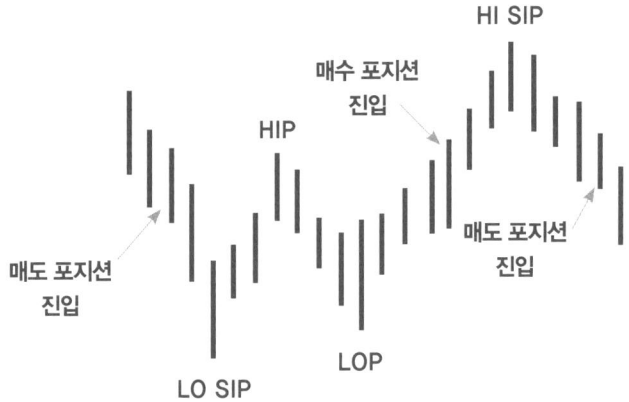

SAR은 Stop and Reverse를 의미한다. 이는 매수 거래가 청산되고 매도 거래가 시작되는 지점 또는 그 반대의 경우를 일컫는다. 이러한 기본적인 표현들은 앞으로 반복적으로 언급된다.

대부분의 트레이딩 플래닝이 간과하는 것

대부분의 트레이딩 플래닝은 다음의 두 부분으로 이루어진다.

(1) **트레이딩 시스템**
(2) **자본 관리 기법**

대부분의 트레이딩 시스템은 추세추종 시스템으로 가장 수익성 있는 방법이라고 생각한다. 그러나 시장이 횡보하기 시작하면 추세 추종 전략은 이익의 상당 부분을 갉아 먹게 된다.

추세에 반하는 횡보장 시스템Congestion Phase System은 보합장 및 추세가 없는 시장에서 수익성을 보인다. 다만 이때 수익의 규모는 미미하고 거래는 빈번하기 때문에 수수료가 중요해진다. 시장에 추세가 생기면 반추세 시스템은 수익성이 저하되는 경향이 있다.

트레이딩 방법을 고안하고 분석하는 데에 일생을 투자한 나조차도 **모든 시장에서 일관되게** 수익성을 보이는 단 하나의 시스템을 발견하지는 못했다.

그렇다면 답은 하나다. 트레이더들이 관심을 보이는 모든 상품에 대해 추세가 있는지 없는지를 판단하는 평가 척도를 고안하는 것이다. 이 개념은 파트 4에서 다룰 예정이다.

고려해야 할 사항이 더 있다. 가장 수익성이 높은 추세 시장은 보통 가장 변동성이 높은 추세 시장이기도 하다. 가장 빨리 변화하는 시장이라는 얘기다. 이 개념은 파트 3에서 설명하겠다.

증거금 수준과 수수료도 고려해야 한다.

파트 9에서 설명할 상품 선택 지수Commodity Selection Index, CSI는 이 네 가지 요소들을 모두 고려한 것이다. 각각의 요소에는 **적절한 가중치**가 부여되었다. CSI 척도에 따라 상위권으로 분류되는 상품들은 다음의 특징을 지닌다.

(1) **방향성 있는 움직임이 크다.**

(2) **변동성이 크다.**

(3) **방향성과 변동성에 따라 합리적인 수준의 증거금을 요구한다.**

(4) **수수료율이 합리적이다.**

대부분의 트레이딩 플래닝은 **어떤** 상품을 **언제** 거래할지에 대한 평가 방법과 의사결정 방법을 간과한다. 이 책이 제시하는 해답은 바로 CSI, 상품 선택 지수다.

방향성, 변동성, 모멘텀과 같은 무거운 주제를 다루기 전에, 비교적 간단한 시스템 하나를 소개하고자 한다. 개인적으로 시장 움직임이 중간 수준―2, 3주 동안 지속―일 때만큼 수익을 잘 짜내는 시스템은 없었다. 이것이 이 시스템을 선호하는 이유다. 이름하여 파라볼릭 시간/가격 시스템 Parabolic Time/Price System 이다.

PART 2

파라볼릭
시간/가격 시스템

파라볼릭 시간/가격 시스템Parabolic Time/Price System은 차트에서 정지점에 의해 형성된 패턴이 포물선 또는 운형자French Curve(곡선을 그릴 수 있는 자—역주)를 닮았다고 하여 붙여진 이름이다(Parabolic은 포물선 모양이라는 뜻을 가진 형용사다—역주). 이 시스템은 매수 후 며칠간 시장이 반응할 시간을 주다가 정지점에서는 빠르게 움직이는 특징을 가지고 있다. 정지점은 가격의 함수일 뿐 아니라 시간의 함수이기도 하다. 정지점은 절대 되돌아가지 않는다. 거래 방향에 따라 매일 조금씩 이동할 뿐이다(만약 매수 포지션이라면 정지점 또한 계속해서 상승하며, 가격이 하락할 때도 정지점은 하락하지 않는다는 의미다—역주).

예를 들어, 매수 포지션이라면 가격이 움직이는 방향과 관계없이 정지점이 매일 상승한다. 정지점이 상승하는 정도는 가격이 유리한 방향으로 얼마큼 이동했는지—특히 거래가 시작된 이후 도달한 가장 유리한 가격—에 따라 상대적이다. 따라서 정지점은 가격의 함수이기도 하다. 이와 같은 시간/가격 개념은 몹시 흥미로운 부분이다. 실제로 가격이 유리한 방향으로 움직이려면 상당한 시간이 소요된다. 움직임이 없거나 다른 방향으로 움직인다면, 정지점은 포지션을 반대로 바꾸게 되고 새로운 거래 기간이 시작된다. 이 개념을 가상의 그림을 통해 설명해 보겠다. 그림 2.1을 보자.

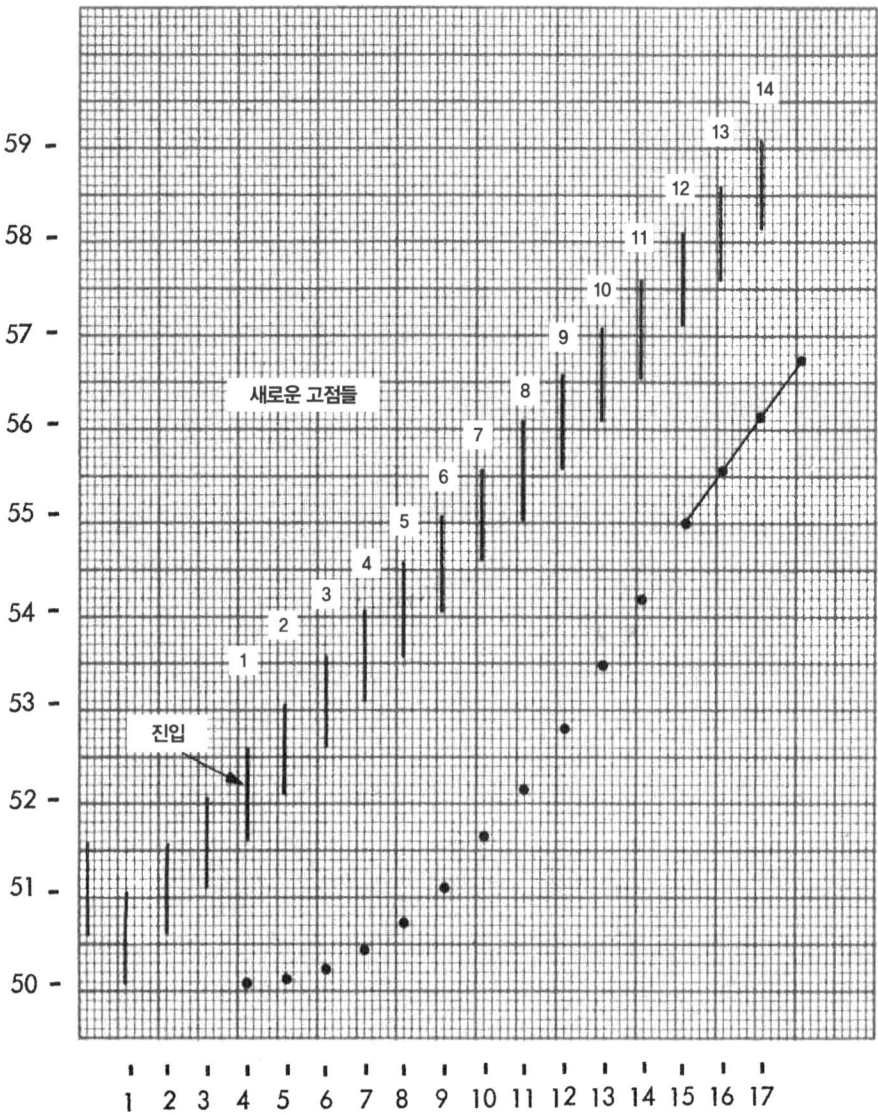

[그림 2.1]

가격은 매일 정확히 같은 금액만큼 상승하고 있다. 정지점이 어떻게 형성되고 있는지에 주목해 보라. 초반에는 점진적으로 상승하다가 점차 급격히 상승한다. 10일째가 되면 정지점은 더 이상 가속화되지 않고 오로지 가격의 함수가 되어 버린다.

먼저 그림 속 정지점이 어떻게 계산되는지를 배우면서 이 시스템의 개념을 살펴보자. 우리가 4일 차에 매수 포지션을 취했다고 하자. 첫 거래일, 즉 4일 차의 정지점은 SIP이다(앞서 우리는 SIP를 이전 거래에서 '최고값'으로 정의한 바 있다). 이전까지 우리는 매도 포지션을 취하고 있었고, 4일 차에 반대 포지션으로 전환한 것을 가정한다. 진입한 날의 정지점은 50.00이다.

이 시스템은 진정한 역전 시스템이다. 다시 말해, 모든 정지점Stop Point이 전환점Reverse Point이다. 따라서 각각의 정지점을 SAR이라고 부르기로 한다. SAR은 Stop and Reverse의 약자다. 진입 첫날 우리의 SAR은 SIP이다. 이제 5일 차의 SAR을 계산해 보도록 하자.

4일 차에 도달한 고가Highest Price, H에서 4일 차 SAR을 빼고, 이 거리만큼을 가속 지수Acceleration Factor, AF 0.02와 곱한다. 그다음 이를 다시 4일 차의 SAR에 더한다. 이 결괏값은 5일 차의 SAR이 된다. 계산식은 다음과 같다.

$$SAR_5 = SAR_4 + AF(H_4 - SAR_4)$$

위 산식에 수치를 대입하면 다음과 같다.

$SAR_5 = 50.00 + 0.02(52.50 - 50.00)$
$SAR_5 = 50.00 + 0.02 \times 2.50$

$SAR_5 = 50.00 + 0.05$

$SAR_5 = 50.05$

5일 차 SAR은 50.05가 된다. 가속 지수 AF는 0.02에서 시작해서 0.20으로 끝나는 수열 중 하나다. **AF는 가격이 새로운 고점이 되는 날마다 0.02만큼 증가한다.** 이 예시에서는 매일 새로운 고점을 경신한다. 따라서 AF는 매일 0.02씩 증가한다. 6일 차 SAR은 다음과 같이 계산된다.

$SAR_6 = SAR_5 + AF(H_5 - SAR_5)$

$SAR_6 = 50.05 + 0.04(53.00 - 50.05)$

$SAR_6 = 50.05 + 0.04 \times 2.95$

$SAR_6 = 50.05 + 0.12$

$SAR_6 = 50.17$

이 계산식을 일반화하면 다음과 같다.

$SAR_{T+1} = SAR_T + AF(EP_{거래\ 기간} - SAR_T)$

(여기서 EP는 극단값Extreme Price을 의미한다—역주)

AF는 0.02에서 시작해 0.20이 될 때까지 0.02씩 증가한다. EP거래 기간은 거래일 이후 극단값을 의미한다. (매수 포지션에서 EP는 거래 기간 중 **최고가**가 될 것이고, 매도 포지션이라면 거래 기간 중 **최저가**가 될 것이다.)

차트의 7일 차부터 12일 차까지의 SAR은 다음과 같이 계산된다.

$SAR_7 = 50.17 + 0.06(53.50 - 50.17) = 50.37$

$SAR_8 = 50.37 + 0.08(54.00 - 50.37) = 50.66$

$SAR_9 = 50.66 + 0.10(54.50 - 50.66) = 51.04$

$SAR_{10} = 51.04 + 0.12(55.00 - 51.04) = 51.52$

$SAR_{11} = 51.52 + 0.14(55.50 - 51.52) = 52.08$

$SAR_{12} = 52.08 + 0.16(56.00 - 52.08) = 52.71$

이제 이 시스템의 기본적인 개념을 이해했으므로, 트레이딩 시스템으로 활용할 때 지켜야 할 규칙을 설명해 보고자 한다.

파라볼릭
시간/가격 시스템의 규칙

진입

가격이 SAR을 통과하는 시점이다.

(거래의) 청산과 (포지션) 전환(SAR)

A. 진입 첫날 SAR은 이전의 SIP이다.

  1. 매수 진입한 경우, SIP는 이전의 매도 포지션에서 달성한 **최저점**이다.
  1. 매도 진입한 경우, SIP는 이전의 매수 포지션에서 달성한 **최고점**이다.

B. 2일 차 이후부터 SAR은 다음과 같이 계산된다.

  1. *매수 포지션*

     a. 거래 이후 최고가와 오늘의 SAR을 찾아서 그 차이를 구한다. 거기에 AF를 곱하고 그 결과를 오늘의 SAR에 **더하면** 내일의 SAR을 구할 수 있다.

     b. AF는 처음에는 0.02이다. 거래 중 **새로운 고점**이 생길 때마다 AF를 0.02씩 늘린다. 새로운 고점이 생기지 않는다면, 가장 최근의 AF를 유지한다. AF가 0.20을 초과해서는 안 된다.

  2. *매도 포지션*

     a. 거래 이후 최저가와 오늘의 SAR을 찾아서 그 차이를 구한다. 거

기에 AF를 곱하고 그 결과를 오늘의 SAR에서 **빼면** 내일의 SAR을 구할 수 있다.

b. AF는 처음에는 0.02이다. 거래 중 **새로운 저점**이 생길 때마다 AF를 0.02씩 늘린다. 새로운 저점이 생기지 않는다면, 가장 최근의 AF를 유지한다. AF가 0.20을 초과해서는 안 된다.

C. SAR이 전날 (가격) 범위 안이나 금일의 (가격) 범위 안으로 들어오게 해서는 안 된다.

1. *매수* 포지션에서, 내일의 SAR을 **전일 저가나 금일의 저가** 위로 올라오게 해서는 안 된다. 만약 계산된 SAR이 전날 저가나 금일의 저가보다 높다면, 어제와 오늘 **둘 중 더 낮은 저가**가 새로운 SAR이다. 이후의 SAR은 이를 바탕으로 계산하면 된다.

2. *매도* 포지션에서, 내일의 SAR을 **전일 고가나 금일의 고가** 아래로 내려가게 해서는 안 된다. 만약 계산된 SAR이 전날 고가나 금일의 고가보다 낮다면, 어제와 오늘 **둘 중 더 높은 고가**가 새로운 SAR이다. 이후의 SAR은 이를 바탕으로 계산하면 된다.

이제 그림 2.2와 워크시트에 표시된 가상의 예를 살펴보자. 예시에서, 우리는 4일째 되는 날 매도 포지션에서 매수 포지션으로 전환하였다고 가정한다. 진입 첫날, 우리는 별도로 계산을 수행하지 않아도 중개인에게 SAR을 알려줄 수 있다. **이전의 *매도 거래*에서 발생한 저점이 50.00(LOW SIP이기도 하다)이라는 사실을 이미 알고 있기 때문이다.** 향후의 SAR은 계산을 통해 구할 수 있다.

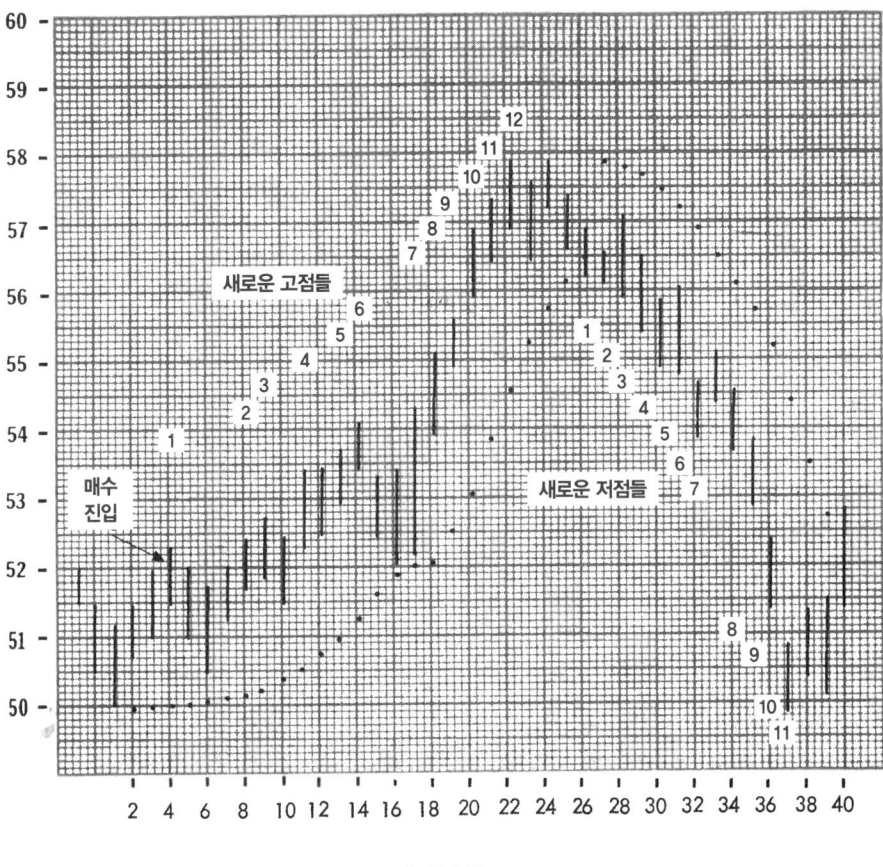

[그림 2.2]

단순화하기 위해 워크시드에는 고가와 저가만 채워 넣었다. 실제 시스템을 따라 할 때는 시가와 종가를 전부 기재할 수도 있다.

일일 워크시트

파라볼릭 시간/가격 시스템

일자	시가	고가	저가	종가	(1) SAR	(2) EP	(3) EP±SAR	(4) AF	(5) AF×DIFF
4		52.35	51.50		50.00	52.35	2.35	0.02	0.05
5		52.10	51.00		50.05	52.35	2.30	0.02	0.05
6		51.80	50.50		50.10	52.35	2.25	0.02	0.05
					50.15				
7		52.10	51.25			52.35	2.20	0.02	0.04
8		(52.50)	51.70		50.19	52.50	2.31	0.04	0.09
9		(52.80)	51.85		50.28	52.80	2.52	0.06	0.15
					50.43				
10		52.50	51.50			52.80	2.37	0.06	0.14
11		(53.50)	52.30		50.57	53.50	2.93	0.08	0.23
12		53.50	52.50		50.80	53.50	2.70	0.08	0.22
13		(53.80)	53.00		51.02	53.80	2.78	0.10	0.28
14		(54.20)	53.50		51.30	54.20	2.90	0.12	0.35
15		53.40	52.50		51.67	54.20	2.55	0.12	0.31
16		53.50	52.10		51.96	54.20	2.24	0.12	0.27
17		(54.40)	53.00		52.10	54.40	2.30	0.14	0.32
18		(55.20)	54.00		52.10	55.20	3.10	0.16	0.50
19		(55.70)	55.00		52.60	55.70	3.10	0.18	0.56
20		(57.00)	56.00		53.16	57.00	3.84	0.20	0.77
21		(57.50)	56.50		53.93	57.50	3.57	0.20	0.71
22		(58.00)	57.00		54.64	58.00	3.36	0.20	0.67
23		57.70	56.50		55.31	58.00	2.69	0.20	0.54
24		58.00	57.30		55.85	58.00	2.15	0.20	0.43
25		57.50	56.70		56.28	58.00	1.72	0.20	0.34
					56.62				
26		57.00	(56.30)		58.00	56.30	1.70	0.02	0.03
27		56.70	(56.20)		57.97	56.20	1.77	0.04	0.07
28		57.50	(56.00)		57.90	56.00	1.90	0.06	0.11
29		56.70	(55.50)		57.79	55.50	2.29	0.08	0.18
30		56.00	(55.00)		57.61	55.00	2.61	0.10	0.26
31		56.20	(54.90)		57.35	54.90	2.45	0.12	0.29
32		54.80	(54.00)		57.06	54.00	3.06	0.14	0.43
33		55.50	54.50		56.63	54.00	2.63	0.14	0.37
34		54.70	(53.80)		56.26	53.80	2.46	0.16	0.39
35		54.00	(53.00)		55.87	53.00	2.87	0.18	0.52
36		52.50	(51.50)		55.35	51.50	3.85	0.20	0.77
37		51.00	(50.00)		54.58	50.00	4.58	0.20	0.92
38		51.50	50.50		53.66	50.00	3.66	0.20	0.73
39		51.70	50.20		52.93	50.00	2.93	0.20	0.59
		53.00	51.50		52.34				

[책에는 명시되어 있지 않지만, 고가 및 저가가 괄호 안에 있는 경우에는 새로운 EP에 도달했음을 의미한다(매수 거래의 경우 최고가 경신, 매도 거래의 경우 최저가 경신—역주)]

상품명: _____   계약 월: _____

진입	청산	손익	조치 및 주문
매수 - 52.20			
매도 - 56.62	56.62	+4.42	
매수 - 52.35	52.35	+4.27	

4일 차 고가는 52.35, 저가는 51.50이 기재되어 있다. (1)이라고 표시된 열에는 당일의 SAR이 적혀 있다. 거래 첫날의 SAR은 항상 이전의 SIP이므로, (1)에 50.00이라고 표시한다.

거래 첫날 극단값은 당일 달성한 고가이기 때문에, (2)라고 표시된 EP$_{\text{Extreme Price}}$[극단값] 열에 52.35를 적는다. 그다음 50과 52.35의 차이(이는 (1) 열과 (2) 열의 차이와도 같다)를 구하고, 그 값인 2.35를 (3) 열에 적는다.

첫 AF는 항상 0.02이므로, 이 값을 (4) 열에 적는다. 이 0.02와 앞서 구한 차잇값 2.35를 곱하면 0.05가 나온다. 이 값을 (5) 열에 적는다.

이렇게 하면 다음 날의 SAR을 구할 준비가 되었다. (5) 열의 값과 (1) 열의 값을 더하면 50.05이다. 이 값을 **다음 날**의 (1) 열에 적으면 된다. 이것이 바로 5일 차의 SAR이다. 이제 5일 차에 무슨 일이 발생하였는지를 살펴보자.

이날 고가는 52.10, 저가는 51.00이었다. **이 거래에 대한 새로운 고점이 생기지 않았기 때문에**, AF는 0.02를 그대로 유지한다. (2) 열에 적힌 52.35는 현재까지의 극단값을 의미한다. (1) 열과 (2) 열의 차이를 구해 (3) 열에 적는다. 이 경우 2.30이다. (3) 열과 (4) 열을 곱하면 0.05가 나온다. 이 값을 당일의 SAR인 50.05에 더한 값은 50.10이다. 이는 다음 날, 즉 6일 차의 SAR을 의미한다.

8일 차로 건너뛰어, 이날은 새로운 고점인 52.50에 도달했다. 따라서 당일의 AF를 0.02만큼 증가시킨다. 새로운 AF 0.04를 (4) 열에 기재한다. 그리고 해당 거래에서 현재까지 달성한 EP를 52.50으로 한다. 거기에서 이날의 SAR인 50.19를 빼면 2.31이 나온다. 여기에 0.04를 곱하면 0.09가 나온다. 이 수치를 50.19에 더하면 다음 날의 SAR은

50.28이 된다.

이제 16일 차로 건너뛰어 17일 차의 SAR을 계산해 보자. 고가는 53.50이고 저가는 52.10이다. 54.20인 EP와 51.96인 SAR의 차이를 구하면 2.24가 도출된다. 이 2.24에 0.12인 AF를 곱하면 0.27이 나온다. 이 0.27을 SAR인 51.96에 더하면 52.23이 된다. **그러나, 16일 차의 저가는 52.10이다.** 다음 날의 SAR이 전일이나 당일의 (가격) 범위 안으로 들어오면 안 되기 때문에, SAR을 **당일의 저가**인 52.10까지 낮추어야 한다. 따라서 이 수치를 (1) 열에 기재한 뒤, 다음 날의 SAR을 계산할 때도 이 수치를 사용한다.

다음 날인 17일 차가 되어서도 우리는 여전히 52.10이라는 SAR을 유지하게 된다. 다음 날의 SAR이 당일이나 전일의 (가격) 범위 안으로 들어오면 안 되기 때문이다.

새로운 고점이 발생하는 날마다 AF를 0.02씩 증가시킨다. AF가 0.20에 도달하게 되면 증가시키기를 멈춘다. 이후로 새로운 고점이 얼마나 많이 생기는지와 관계없이 AF는 0.20을 넘기면 안 된다. 20일 차에 AF가 0.20에 도달한 이후 동 거래에서 이 수치가 계속되는 것을 확인할 수 있다.

이제 *매도* 포지션으로 전환하게 되면 어떤 일이 발생하는지를 살펴보고자 한다. 가격이 SAR을 통과하는 26일 차에 우리는 56.62로 매도 포지션으로 전환한다. 포지션 전환이 있는 날의 SAR은 이전의 *매수* 거래에서 달성한 **최고점**인 HIGH SIP가 된다.

26일 차의 고가는 57.00이고 저가는 56.30이었다. (1) 열에는 SIP인 58.00을 적어 넣는다. 이제 우리의 포지션은 매도 포지션이기 때문에, EP에는 동 매도 거래에서 발생한 **가장 작은 극단값**을 찾아서 적으면 된다. 첫날 EP는 당일의 **저가**가 되므로, 56.30을 (2) 열에 적는다. 이전과 마찬가지로 (1) 열과 (2) 열의 차이를 구해 그 값인 1.70

을 (3) 열에 적는다. AF는 0.02부터 **새롭게 시작한다.** 0.02를 앞서 구한 차잇값에 곱하면 0.03이 나온다. 이 0.03을 오늘의 SAR인 58.00에서 **빼면** 내일의 SAR은 57.97이 된다.

27일 차에는 새로운 저점이 생긴다(56.20). 이를 새로운 EP로 (2) 열에 기재한 뒤, 전날 구했던 (당일의) SAR 57.97과의 차이를 구해 1.77을 도출한다. 동일 거래에서 새로운 저점이 생겼으므로 AF는 0.04로 증가하게 된다. 0.04와 1.77을 곱하면 0.07이 나온다. 그다음 0.07을 당일의 SAR인 57.97에서 **빼면** 다음 날의 SAR는 57.90이 된다. 다시 한번 강조하건대, AF는 절대 0.20을 넘을 수 없다.

마지막으로 고려해야 할 것이 하나 더 있다. 이 시스템에서 언제 거래를 시작해야 하는가다. 각각의 진입점에서 이전 거래 포지션을 청산한 뒤 반대 포지션으로 전환한다고 치면, 첫 거래는 언제 시작해야 하는가?

시장이 상승 추세에 있다면, 몇 주 전인 차트상의 HI SIP로 돌아간다. HI SIP 이후 3~4일 **이내** 가장 크게 하락한 날에 가상의 거래를 통해 매도 진입한다. 계속해서 차트를 따르다 보면 언젠가 매수 전환 시점이 나오게 된다. 그때가 첫 진입 포인트다. 대개 이러한 진입 포인트는 일반적인 추세 방향과 일치한다.

시장이 하락 추세에 있다면, 몇 주 전의 LO SIP를 선택한 뒤 이전과 마찬가지로 가상의 매수 거래를 진행한다. 이 경우 첫 번째 진입 포인트는 이어서 발생하는 매도 전환 시점이며, 시장 추세 방향과 동일한 포지션으로 진입하게 된다.

이 시스템을 이용해 거래하는 또 다른 방법은 9장에서 설명할 방향성 지수를 따르는 것이다. DMI가 상승 추세면 *매수* 거래만 실행하면 되고, DMI가 하락 추세면 *매*

도 거래만 실행하면 된다.

지금까지 설명한 내용이 이 시스템의 핵심이다. 이 시스템을 이용하면 SAR을 쉽게 계산할 수 있고, 따라 하기도 쉽다. AF로 사용되는 수치는 항상 **새로운 고점**(혹은 *매도* 거래의 경우 **새로운 저점**)이 발생한 횟수에 2를 곱한 것과 같다는 점에 유의하자. 예를 들어, 새로운 고점이 6번 발생하였다면, AF는 0.12이다. 새로운 고점이 8번 발생하였다면, AF는 0.16이다.

파라볼릭 시스템은 매우 간단하지만, 움직이는 시장에서는 아주 수익성이 높은 시스템이기도 하다. 기술 분석가들은 이동 평균 시스템을 고안하기 위해 상당한 시간을 투자했다. 이동 평균 시스템은 시장 움직임의 초기 단계에서는 시장의 반응을 수용하고, 움직임이 정점에 도달하기 시작하면 반응이 가속화되도록 설계되었다(이동 평균 시스템은 추세가 계속되고 정점에 접근할수록 최근 가격 데이터에 더 많은 가중치를 부여하게 된다―역주). **파라볼릭 시스템은 정확히 같은 기능을 수행한다.** (여기에 더해) 이 시스템에서는 거래가 시작될 때 초기 정지점을 SIP로 되돌린다. 이는 시장이 방향성을 갖고 움직일 때까지 투자자가 (시장의 변동성에) 휩쓸리지 않도록 돕는다.

다음에 나오는 차트를 공부하면 이 시스템이 변동성 있는 시장을 어떻게 다루는지 감을 잡을 수 있을 것이다. 특히 SAR이 만들어 내는 패턴에 집중해 보라.

이 시스템에 다양한 AF를 대입해 보았는데, 일관되게 0.02씩 증가시켰을 때 시스템이 잘 작동한다는 것을 깨달았다. 그러나 다른 사람들이 사용하는 것과 차별화된 방법으로 다양한 정지점을 도출하고 싶다면 개인적 요구에 맞게 시스템을 조정할 수 있다. (AF) 증가량은 0.018과 0.021 사이가 될 수 있다. 이 범위 내에서 일관되게 증가하기만 한다면 시스템은 제대로 작동할 것이다. (AF가) 점진적으로 증가하여 도달할 수 있는 한곗값은 최소한 0.20이 되게 하되, 0.22를 넘기지는 않는 것이 좋다.

이 시스템은 주로 방향성을 가지고 움직이는 시장에서 사용하는 것이 좋다. 방향성 있는 시장인지 아닌지는 이 책의 다른 장에서 언급할 방향성 지수DMI나 상품 선택 지수CSI를 통해 확인할 수 있다.

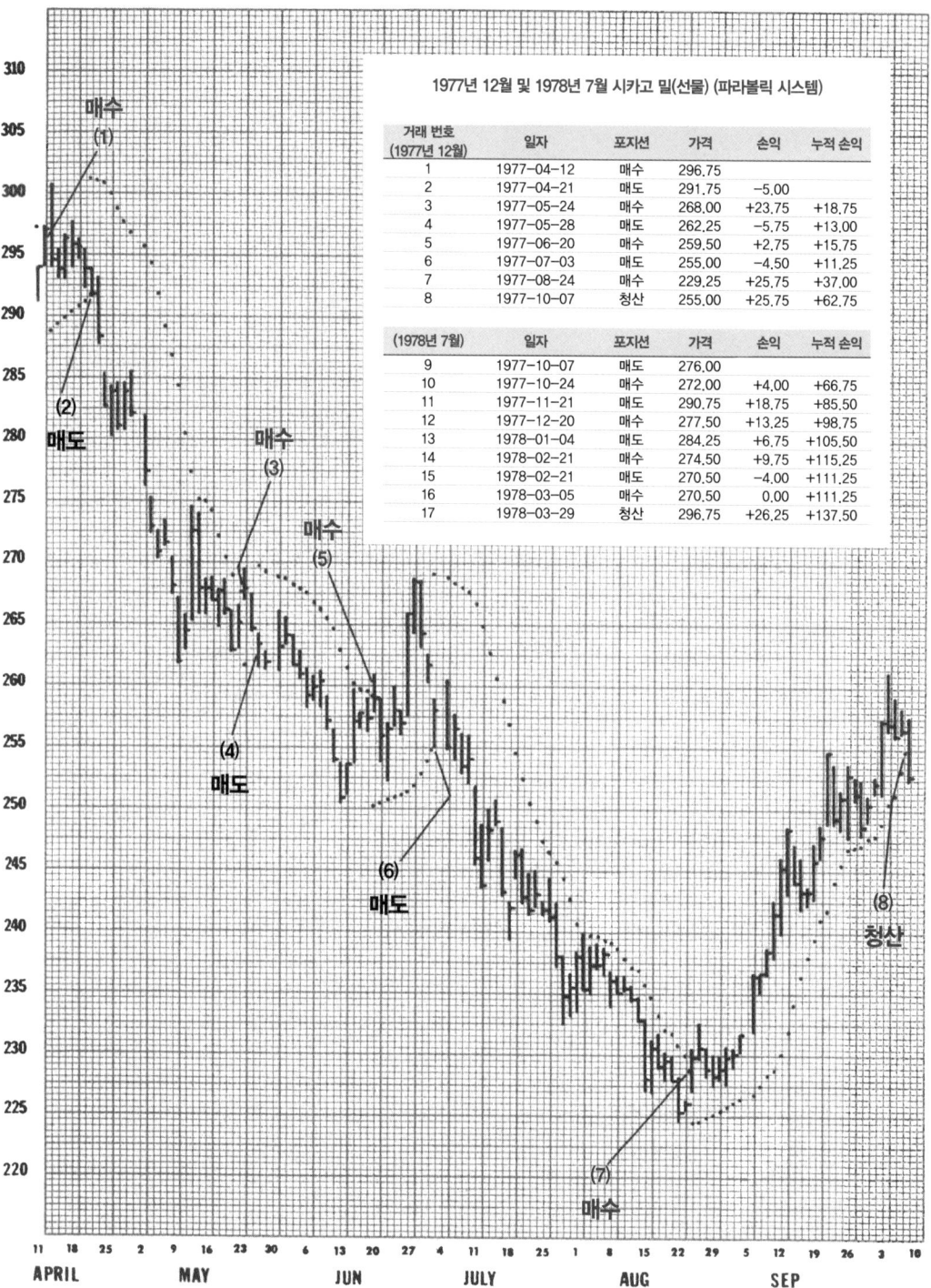

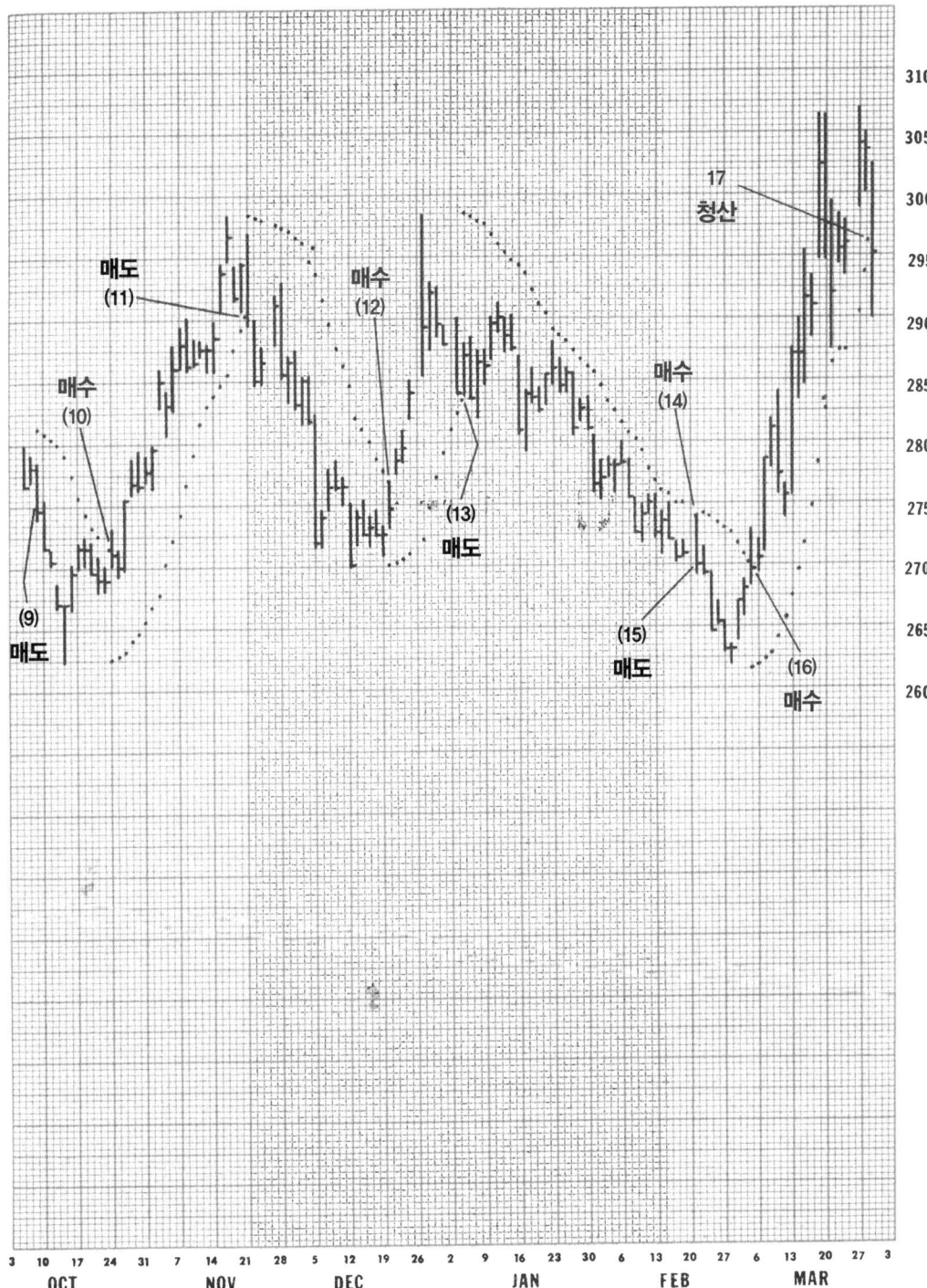

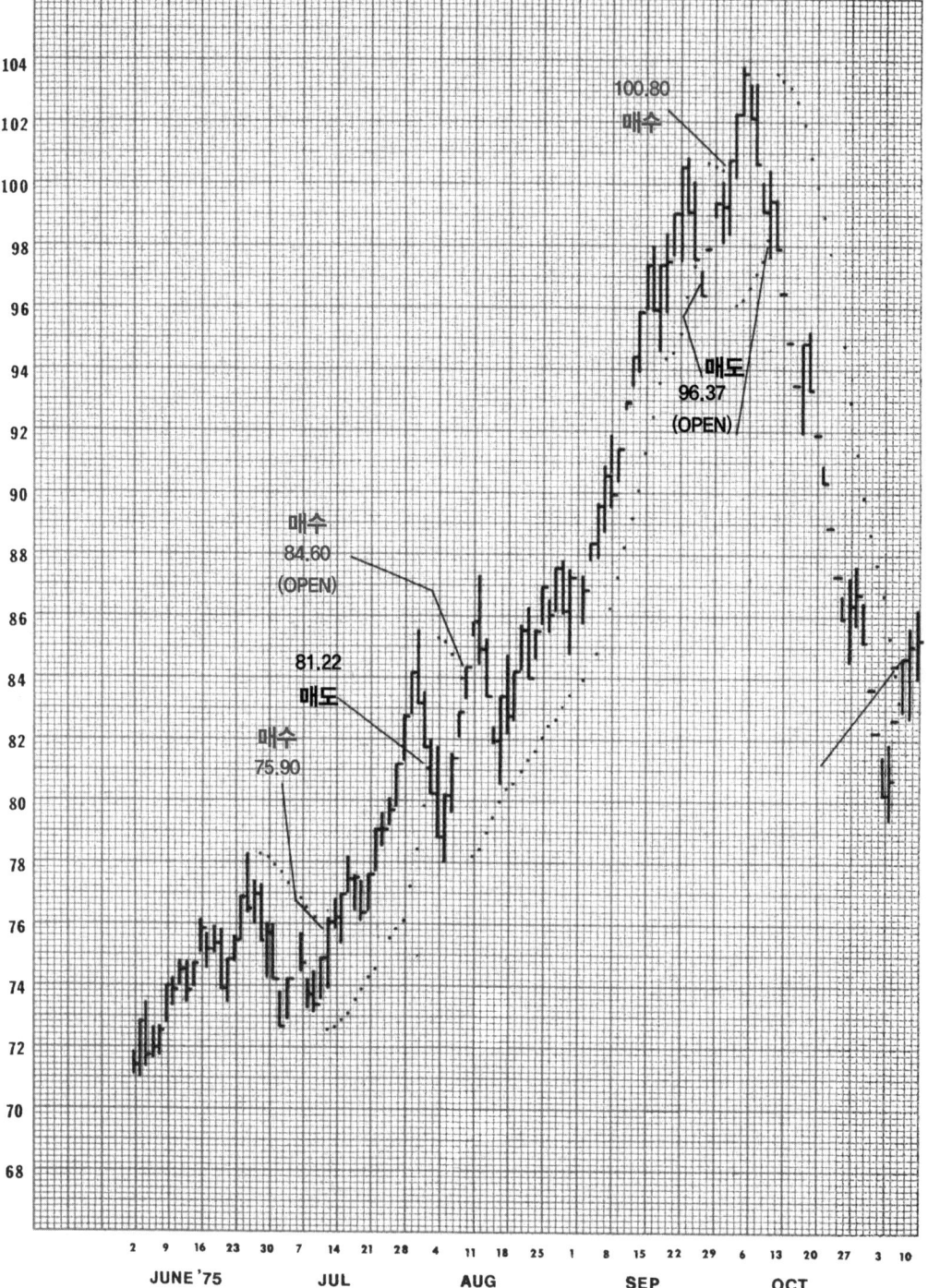

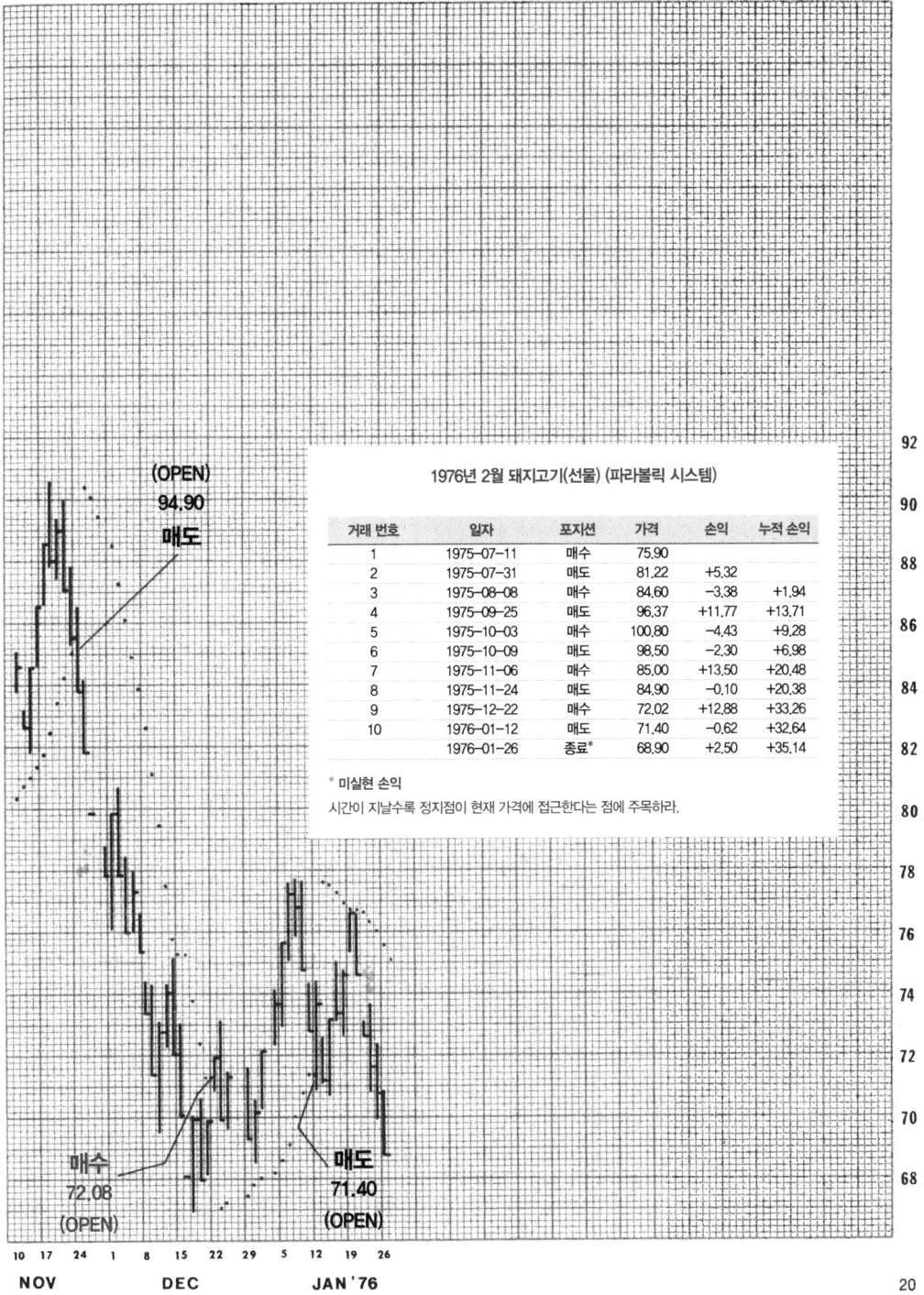

1976년 2월 돼지고기(선물) (파라볼릭 시스템)

거래 번호	일자	포지션	가격	손익	누적 손익
1	1975-07-11	매수	75.90		
2	1975-07-31	매도	81.22	+5.32	
3	1975-08-08	매수	84.60	−3.38	+1.94
4	1975-09-25	매도	96.37	+11.77	+13.71
5	1975-10-03	매수	100.80	−4.43	+9.28
6	1975-10-09	매도	98.50	−2.30	+6.98
7	1975-11-06	매수	85.00	+13.50	+20.48
8	1975-11-24	매도	84.90	−0.10	+20.38
9	1975-12-22	매수	72.02	+12.88	+33.26
10	1976-01-12	매도	71.40	−0.62	+32.64
	1976-01-26	종료*	68.90	+2.50	+35.14

* 미실현 손익

시간이 지날수록 정지점이 현재 가격에 접근한다는 점에 주목하라.

PART 3

변동성

변동성 지수
Volatility Index, VIX

변동성이란 무엇일까? 대부분의 트레이더는 시장 움직임 측면에서 변동성을 정의한다. 시장이 매우 활발하다면 변동성이 큰 것으로, 시장이 활발하지 않다면 변동성이 적은 것으로 여긴다. 차트를 보고 매우 변동성이 큰 시장과 변동성이 거의 없는 시장을 구분해 내는 것은 어렵지 않다. 그러나 변동성을 어떻게 다룰 것인가와 변동성을 어떻게 정의할 것인가는 다른 문제다.

변동성과 정확히 비례하는 한 가지가 있다면 그것은 바로 **범위**Range다. 범위란 증분 시간당 가격이 이동한 거리를 의미한다.

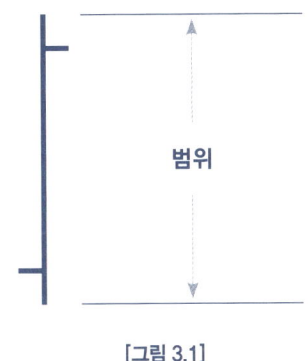

[그림 3.1]

그림 3.1의 막대에서 범위는 단순하고 명확하게도 막대의 가장 높은 지점에서 가장 낮은 지점까지의 거리다.

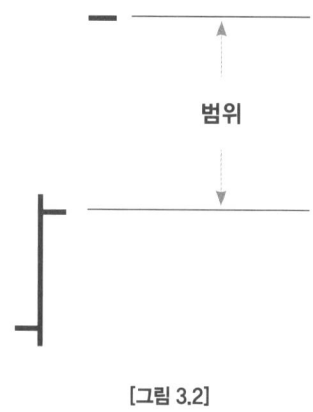

[그림 3.2]

그러나 그림 3.2에서 보이는 것처럼 가격이 멈춰 있다고 가정해 보자. 예컨대 상한가 또는 하한가에서 멈춰 있는 것이다. 이때 해당 일의 모든 거래는 (거래가 있었다면) 단일 가격으로 이루어졌다. 그렇다면 (가격이 한곳에) 멈춰 있는 거래일의 범위는 0일까? 그렇지 않다. 만약 가격이 일정 기간 중 최대한으로 움직였다면, 범위는 결단코 0이 될 수 없다. 이 경우 실제 범위는 전일의 종가부터 가격이 멈춘 지점까지의 거리다. 이 거리를 이용하면 그림 3.2의 막대에 대해 가능한 큰 범위를 도출할 수 있다. 그리고 이러한 접근 방식이 적절하기도 하다. 결국 변동성을 설명하는 데 사용할 실제 범위는 가격이 이동한 최대 범위가 된다. 그 범위는 거래일 하루 동안 이동한 범위일 수도 있고, 전일의 종가에서 거래일 당일 도달한 극한값까지의 거리일 수도 있다.

(1) **당일 고가부터 당일 저가까지의 거리**
(2) **전일 종가부터 당일 고가까지의 거리**
(3) **전일 종가부터 당일 저가까지의 거리**

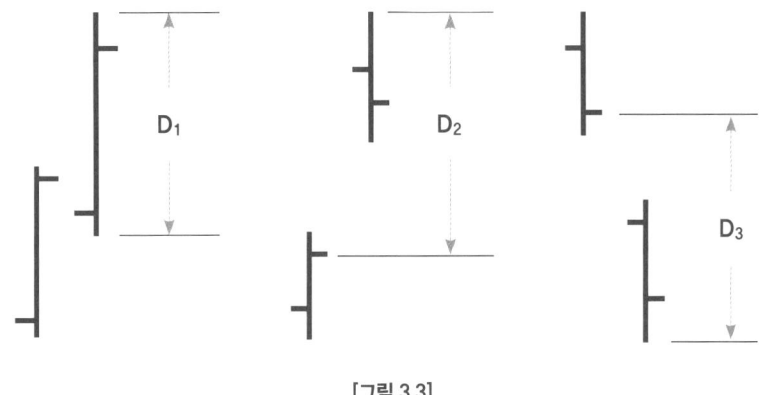

[그림 3.3]

범위가 변동성을 측정할 수 있는 유의미한 수단이 되려면, 적어도 두 거래일 이상의 범위를 고려해야 한다. 이에 대한 해결책은 **한 거래일 단위**로 측정된 실제 범위를 바탕으로 여러 날의 **평균값**을 구하는 것이다. 변동성 지표는 실제 범위의 평균값을 계산하기 위해 고려한 일수에 따라서 빠를 수도, 느릴 수도 있다. 실제 범위의 평균값을 계산하려면 며칠치가 필요할까? 광범위한 분석의 결과, 대략 14일의 데이터를 이용하면 변동성 지수로 사용할 만한 최적의 변동성 지표를 도출할 수 있다는 사실을 발견했다.

변동성 지수Volatility Index, VIX는 방향성 지수DMI와 함께 상품 선택 지수CSI를 계산하는 데 사용된다.

변동성 지수의 방정식은 다음과 같다.

$$VI_{Today} = \frac{13 \times VI_{Previous} + TR_1}{14}$$

여기서 TR_1은 오늘의 실제 범위를 의미한다.

이 식에서 분자 부분은 방향성 지수에서도 사용되며, 상수를 변경시킨 방정식은 이어서 설명할 변동성 시스템(Volatility System)에서 사용된다.

변동성 시스템에서는 (14일 평균 실제 범위 대신) 7일 평균 실제 범위를 사용한다. 이 시스템은 변동성 지수보다 더 빠른 평균 실제 범위를 요구하기 때문이다. 평균값 계산에 사용되는 일수와 관계없이 이 방정식을 풀이하는 방법은 동일하다. 다음 단락부터는 7일 평균 실제 범위를 사용한 방정식을 풀이하는 방법에 대해 자세하게 설명할 예정이다.

변동성 시스템
Volatility System

변동성 시스템은 추세 추종 시스템이자 진정한 역전 시스템이다. 모든 정지점에서 포지션이 전환되기 때문이다. 변동성 시스템은 엄청나게 간단해서 따라 하기도 쉽다.

변동성 시스템의 메커니즘에 대해 논의하기 전에, 평균 실제 범위(Average True Range, ATR)를 구하는 방법에 대해 살펴보자. ATR은 이 시스템의 기본 측정 단위로, 7일 동안의 실제 범위를 바탕으로 구할 수 있다. 앞에서 우리는 하루 동안의 실제 범위(TR_1)를 어떻게 구하는지 알아보았다. 이번에는 평균 실제 범위(ATR)를 구하는 방법에 대해 알아보자.

ATR의 방정식은 다음과 같다.

$$\text{최근}_{Latest}\text{의 } ATR = \frac{6 \times \text{전일}_{previous}\text{의 } ATR + \text{당일의 } TR}{7}$$

또는

$$ATR_L = \frac{6 \times ATR_p + TR_l}{7}$$

최초의 ATR을 구하려면 정의된 것처럼 최근 7일 동안의 실제 범위를 모두 더한 뒤 7로 나누면 된다. 이를 통해 구한 값은 다음 날의 방정식에서 $ATR_{(p)}$로 사용된다. 다음의 표는 일일 **ATR**을 어떻게 구하는지를 설명하고 있다.

일자	시가	고가	저가	종가	범위	ATR	
1월 1일	50.00	51.20	49.80	50.90	1.40		고가~저가
1월 2일	50.70	51.80	50.30	51.50	1.50		고가~저가
1월 3일	51.70	52.90	51.70	52.80	1.40		(어제의) 종가~(오늘의) 고가
1월 4일	52.50	53.70	52.30	53.50	1.40	10.00÷7 =1.43	고가~저가
1월 5일	53.60	54.80	53.50	54.70	1.30		고가~저가
1월 6일	54.40	54.40	52.90	53.00	1.80		(어제의) 종가~(오늘의) 저가
1월 7일	52.90	53.20	52.00	52.00	1.20	1.43	고가~저가
1월 8일	52.00	52.70	52.00	52.20	0.70	1.33	고가~저가

첫째 날부터 7일 동안의 실제 범위를 모두 더한 값은 10.00이다.

10.00 ÷ 7 = 1.43이며, 이는 1월 7일의 ATR이다.

이후부터는 다음의 ATR 방정식을 이용하면 된다.

$$ATR_L = \frac{6 \times ATR_p + TR_l}{7}$$

1월 8일이 되면 전일 ATR 1.43이 된다. 따라서,

$$ATR_L = \frac{6 \times 1.43 + 0.70}{7} = \frac{8.58 + 0.70}{7} = 1.33$$

이제 일일 ATR을 계산하는 과정을 검토해 보자. 최초의 ATR은 처음 7일 동안의 범위를 모두 더해 그 값을 7로 나눈 것과 같다. 이는 곧 7일 차의 ATR이 된다. 8일 차 및 그 이후부터 ATR은 단순하게 전일의 ATR을 사용해 구할 수 있다. 전일의 ATR에 6을 곱한 뒤, 이 값에 최근의 실제 범위를 더하고, 다시 그 값을 7로 나누면 된다. 이런 방식으로 ATR을 구하면, 전일(과 당일)의 데이터만 가지고도 ATR을 구할 수 있다.

지금까지 우리는 ATR을 구하는 방법에 대해 알아보았다. 이제 이 값을 이용해 변동성 시스템을 사용하기 위해서는 한 가지만 더 고려하면 된다. 바로 ATR에 상수c를 곱하는 것이다.

가장 적합한 승수는 3.0이라는 것이 밝혀졌다. 상수의 범위는 2.8에서 3.1이다. 시스템을 커스터마이징하고 싶은 사람은 (서론에서 설명한 바와 같이) 이 범위 내에서 상수를 선택하면 제대로 작동할 것이다. 상수 3.0을 ATR과 곱한 값을 우리는 ARC$_{\text{Average Range times Constant}}$로 부르기로 한다. 여기서 기억해야 할 것은 ARC는 ATR과 정비례한다는 사실이다. 따라서 ARC는 변동성과도 정비례 관계에 있다. 변동성이 증가하면 ARC가 증가하고, 변동성이 감소하면 ARC가 감소한다.

표에는 고가, 저가, 종가와 더불어 시가도 나열되어 있다. 시가는 계산에 전혀 사용하지 않았지만, 매일매일 시스템을 따라 할 때 도표에 시가를 포함해 두면 도움이 될 것이다. 갭 오프닝$_{\text{Gap Opening}}$(특정 거래일의 주식 시가가 전 거래일의 종가보다 현저히 높거나 낮은 상황을 말한다. 실적 발표나 새로운 뉴스, 이벤트 등 주가에 영향을 미칠 수 있는 다양한 요인

이 전날 장 마감 이후부터 당일 개장 전까지 발생하였을 경우 갭 오프닝이 나타날 수 있다―역주) 같은 상황과 관련이 있기 때문이다.

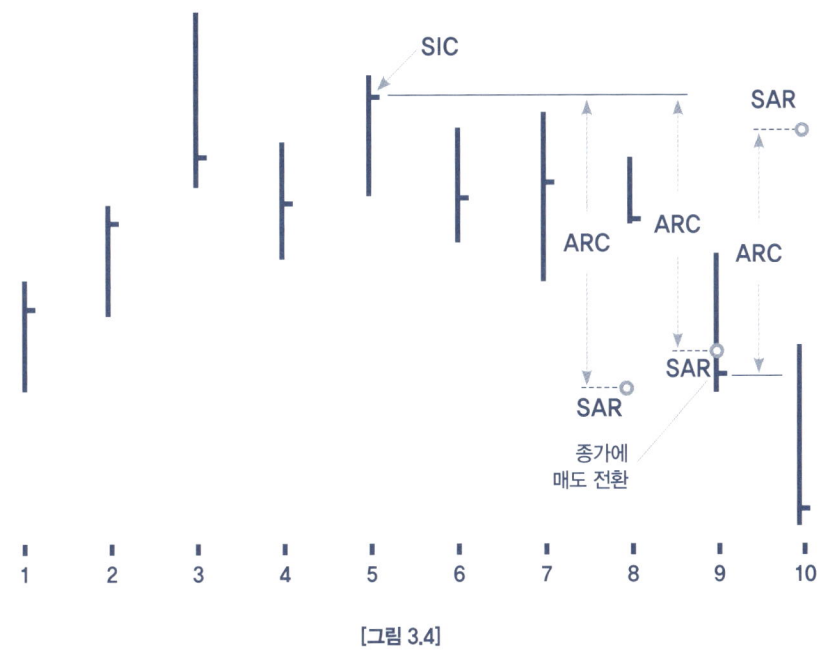

[그림 3.4]

이제 변동성 시스템을 정의해 보자. (변동성 시스템에서) 포지션은 SIC(거래 중 달성한 가장 유리한 종가)에서 ARC만큼 떨어진 거리에서 청산되고 전환된다.

거의 매일 주가가 새로운 고점을 달성하고 있는 그림 3.4에서 우리는 추적하고자 하는 상품의 최근 7일 동안의 고가, 저가 및 종가 정보 그리고 이를 이용해 7일 차의 ARC를 구할 수 있다. 그런 다음 7일 중 가장 높았던 종가, 즉 SIC를 찾아내어, 당일의 ARC값을 **뺀다.** 이것이 바로 8일 차에 사용할 SAR(정지 및 전환 시점)이다. 9일 차에 주가가 하락해 SAR보다 낮은 가격으로 마감하면, 우리는 *매도 포지션으로* 전환한다. (거래 이후 가장 낮은 종가가 바로 이 금액이므로.) 이 종가에 ARC를 **더한** 거리만큼이 10일 차의 *매도* 포지션에서 사용할 SAR이다.

이제 매도 거래가 우리에게 유리한 방향으로 진행되어 주가가 계속 하락한다고 가정해 보자. 우리가 SAR로 사용할 값은 계속해서 거래 중 달성한 **가장 낮은 종가**에 ARC를 더한 금액이 될 것이다. 그리고 종가가 이 지점(즉, SAR)보다 높게 형성된 첫 번째 날에 해당 거래를 정지하고, 포지션을 전환한다.

만약 변동성이 증가하여 거래를 멈출 타이밍을 잡지 못한다면 ARC가 이전에 비해 증가할 것이고 이는 정지점을 현재 가격에서 더 먼 곳으로 이동하게 할 것이다. 그래도 괜찮다. 변동성이 증가하면, 시스템이 자동으로 반응해 현재의 가장 유리한 종가로부터 멀리 떨어진 곳에서 정지점이 형성된다. 이것이 변동성 시스템의 장점이다. 이 시스템은 해당 거래에서 발생한 가장 유리한 종가와 변동성 모두와 비례한다. 주가 변동이 커지면 높은 변동성에 비례하여 SAR이 떨어지기는 하지만, SAR은 여전히 해당 거래에서 발생한 가장 (유리한) 종가의 함수다. 반대로 시장이 잠잠해지면, 변동성은 감소하고 정지점은 거래 가격에 가까워진다.

주가가 2~3주 동안 유리한 방향으로 움직여 *매도* 포지션을 유지하다가, ARC 거리를 고려해 구했던 SAR보다 높은 지점에서 마감한다고 해 보자. 그러면 다음 날 *매수* 포지션에서의 새로운 SAR은 가장 유리한 종가이다. 이 경우, 포지션을 전환한 바로 그 지점의 종가에서 아래로 ARC만큼 떨어진 지점이다.

이 시스템으로 거래하면 차트를 그릴 필요가 없다. 필요한 모든 정보는 워크시트에 있기 때문이다. 참고 목적으로 SIC에 괄호 표시를 한 것이 도움이 될 것으로 생각한다.

이것이 변동성 시스템의 전부다. 단, 시스템의 단순함에 속지 않도록 주의하라. 핵

심인 SAR은 (거래 기간 중 달성한) 가장 유리한 종가에 비례하고, 변동성에도 비례한다. 가격이 가파르게 움직이거나 움직임이 둔화될 때 이 시스템은 자동으로 반응한다. 상수 C는 ATR에 곱해지는 수이며, 추세가 지속되는 한 트레이더가 현재 거래에 머물게끔 계산된다. 되돌림이나 반응을 허용하면서, 가격이 추세의 반전을 암시하는 방향으로 충분히 움직일 경우, 포지션 전환을 하도록 계산되기도 한다. 추세가 원래 방향으로 재개하면 트레이더는 ARC를 가감한 SAR에서 자동으로 포지션을 전환하고 곧바로 추세를 타게 된다.

다음은 빠른 참조를 위해 설정한 규칙을 보여준다. 워크시트에 계산된 예시와 이에 상응하는 차트 또한 포함되어 있다. 차트와 워크시트를 따라 해 보면 단시간 내에 시스템을 이해하는 데 도움이 될 것이다.

변동성 시스템

정의

1. 실제 범위는 다음 중 가장 큰 값을 의미한다.

    A. 당일 고가부터 당일 저가까지의 거리

    B. 전일 종가부터 당일 고가까지의 거리

    C. 전일 종가부터 당일 저가까지의 거리

2. ATR: 평균 실제 범위

    A. 최초에는 7일 동안의 실제 범위를 모두 더한 값을 7로 나누어 산출한다.

    B. 최근의 ATR은 전일의 ATR에 6을 곱한 뒤, 해당 금액에 당일의 실제 범위를 더한 값을 7로 나누어 산출한다.

3. 상수 C: 2.80과 3.10 사이의 임의값

4. ARC: ATR에 상수 C를 곱한 값

5. SIC: 거래 기간 중 달성한 가장 유리한 종가

6. SAR: SIC에서 ARC만큼 떨어진 지점

규칙

1. 진입은 가격이 SAR에 반하여 마감될 때 종가에서 이루어진다(SAR이 상승 중일 때 가격이 SAR보다 낮은 상태로 마감하면 해당 종가에 포지션 전환 후 매도 진입한다는 의미다. 반대로 SAR이 하락 중일 때 가격이 SAR보다 높은 상태로 마감하면 해당 종가에 포지션 전환 후 매수 진입한다—역주).

2. SAR

    A. *매수* 포지션에서 *매도* 포지션으로의 전환: 주가가 거래 기간 중 달성한 최고점에서 ARC만큼 떨어진 지점보다 **낮은** 지점에서 마감될 때, 즉 종가가 SAR보다 낮을 때 종가에서 이루어진다.

    B. *매도* 포지션에서 *매수* 포지션으로의 전환: 주가가 거래 기간 중 달성한 최저점에서 ARC만큼 떨어진 지점보다 **높은** 지점에서 마감될 때, 즉 종가가 SAR보다 높을 때 종가에서 이루어진다.

일일 워크시트

변동성 시스템

상품명: _____

계약 월: _____

일자	시가	고가	저가	종가	TR₁	ATR	ARC	SAR	조치 및 주문
1	52.80	53.00	52.50	52.70	0.50				
2	52.60	52.75	52.25	52.55	0.50				
3	52.00	52.35	51.85	(52.30)	0.70				
4	52.20	52.45	52.15	52.40	0.30	4.05 ÷ 7 = 0.58			
5	52.10	52.35	51.75	51.90	0.65				
6	51.90	52.10	51.50	51.65	0.60				
7	51.50	51.80	51.00	(51.10)	0.80	0.58	1.74		
8	51.15	51.60	51.25	51.55	0.50	0.57	1.71	52.84	
9	51.50	51.70	51.40	51.65	0.30	0.53	1.59	52.81	
10	51.60	51.60	51.10	51.15	0.55	0.53	1.59	52.69	
11	51.00	51.40	50.75	(50.75)	0.65	0.55	1.65	52.69	
12	51.35	51.75	51.35	51.65	1.00	0.61	1.83	52.40	
13	51.70	51.90	51.40	51.80	0.50	0.59	1.77	52.58	
14	51.60	51.70	51.15	51.55	0.65	0.60	1.80	52.52	
15	51.55	51.80	51.50	51.80	0.30	0.56	1.68	52.55	
16	51.90	52.50	51.80	52.50	0.70	0.58	1.74	52.43	매수 - 52.50
17	52.40	52.70	52.10	(52.70)	0.60	0.58	1.74	50.76	
18	52.20	52.45	52.00	52.10	0.70	0.60	1.80	50.96	
19	52.00	52.65	51.50	52.65	1.15	0.68	2.04	50.90	
20	52.50	52.95	52.40	52.90	0.55	0.66	1.98	50.66	
21	53.10	53.60	53.05	53.55	0.70	0.67	2.01	50.92	
22	53.95	54.50	53.80	54.50	0.95	0.71	2.13	51.54	
23	55.20	55.70	55.00	56.55	1.20	0.78	2.34	52.37	
24	57.55	57.55	57.55	57.55	2.00	0.95	2.85	54.21	
25	52.90	58.55	57.90	(58.55)	1.00	0.96	2.88	54.70	
26	57.75	57.75	57.30	57.65	1.25	1.00	3.00	55.67	
27	57.50	58.05	57.15	57.95	0.90	0.99	2.97	55.55	
28	57.80	57.90	57.45	57.80	0.50	0.92	2.76	55.58	
29	58.00	58.30	57.85	58.20	0.50	0.86	2.58	55.79	
30	58.45	58.65	57.75	58.65	0.90	0.87	2.61	55.97	
31	57.80	57.80	57.00	57.30	1.65	0.98	2.94	56.04	
32	57.00	57.15	56.25	56.60	1.05	0.99	2.97	55.71	
33	56.30	56.35	55.35	56.30	1.25	1.03	3.09	55.68	
34	56.20	56.60	56.05	56.60	0.55	0.96	2.88	55.56	
35	56.50	57.25	56.40	57.25	0.85	0.94	2.82	55.77	
36	57.25	57.50	57.00	57.00	0.50	0.88	2.64	55.83	
37	57.50	57.50	57.25	57.25	0.25	0.79	2.37	56.01	
38	57.00	57.15	56.50	56.60	0.75	0.78	2.34	56.28	
39	56.50	56.60	56.25	56.45	0.35	0.72	2.16	56.31	
40	56.50	56.90	56.45	56.90	0.45	0.68	2.04	56.49	
41	57.00	57.25	56.75	57.10	0.50	0.65	1.95	56.61	
42	57.40	57.60	57.00	57.40	0.60	0.64	1.92	56.70	
43	57.20	57.25	56.90	57.05	0.50	0.62	1.86	56.73	
44	57.25	58.00	57.25	57.90	0.95	0.67	2.01	56.79	
45	58.00	58.50	57.00	57.00	1.50	0.79	2.37	56.64	
46	56.50	56.50	55.50	56.05	1.50	0.89	2.67	56.28	매도 - 56.05
47	56.00	56.35	55.75	55.85	0.60	0.85	2.55	58.72	
								58.40	

(24일 차 TR인 2.00은 1.00의 오탈자, 37일 차 TR인 0.25는 0.50의 오탈자로 추정되나, 이후 값들에 영향을 주기 때문에 그대로 옮겼다. –역주)

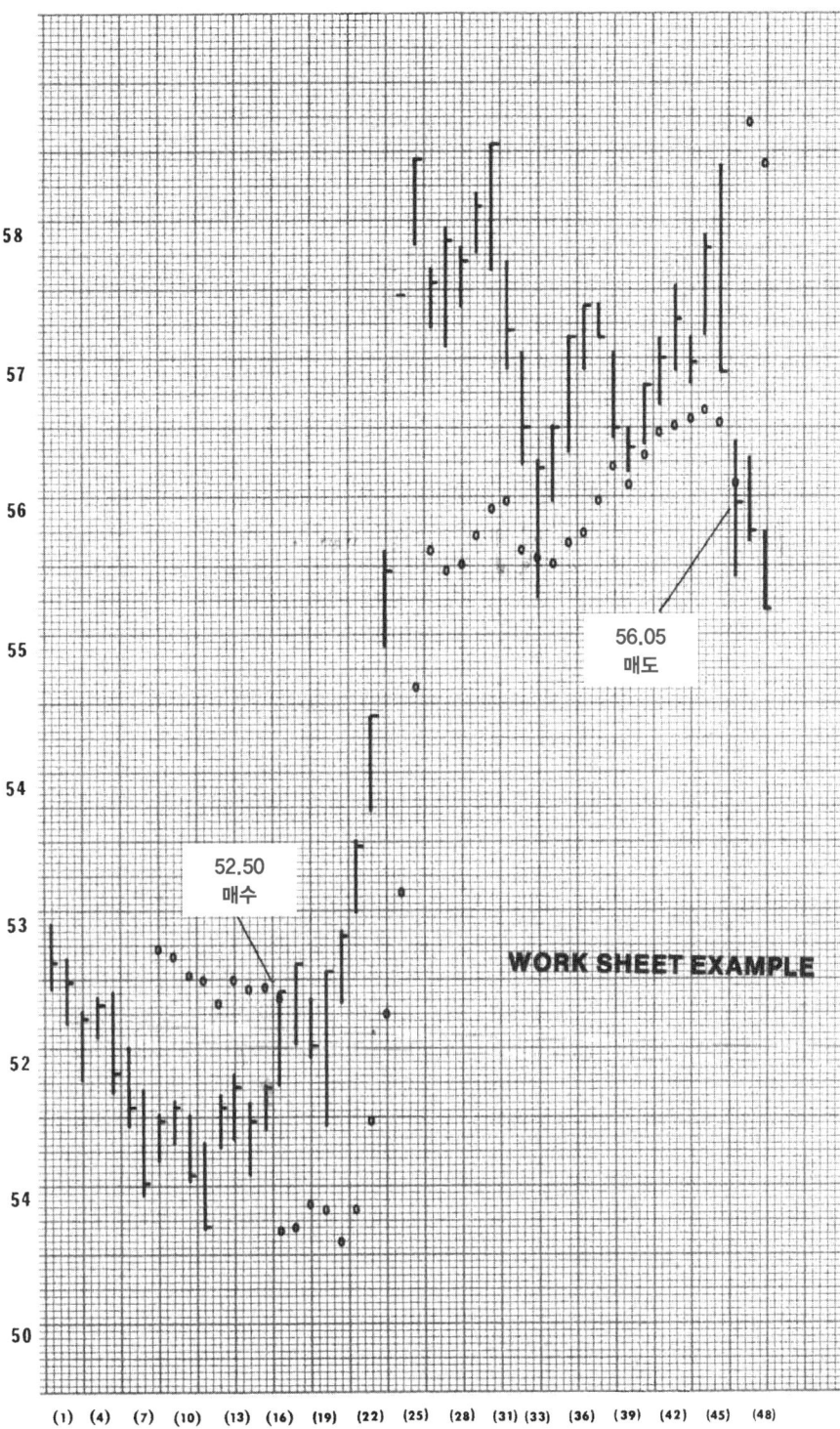

PART 3 변동성

워크시트 예제

7일 차: 첫 7일 동안 실제 범위의 합은 4.05이다. 이를 7로 나누면 0.58이고, 여기에 다시 3을 곱하면 1.74가 된다. 시장이 하락 추세에 있으므로, 우리는 *매수*할 지점을 찾고 있다. 따라서 현재 매도 포지션을 취하고 있는 것을 가정하고, 가장 낮은 종가 51.10에 1.74를 더한다. 그러면 SAR은 52.84로 도출된다. 우리는 이 값을 8일 차의 SAR 열에 기재한다.

8일 차: ATR 방정식을 사용해 전일의 ATR에 6을 곱하고, 당일의 실제 범위인 0.50을 더하면 3.98이 나온다. 이를 7로 나누어 (당일의) ATR을 구하면 0.57이며, 여기에 3을 곱하면 1.71이다. 이 1.71을 가장 낮은 종가인 51.10에 더하면 9일 차의 SAR인 52.81이 도출된다. 주가가 SAR보다 높은 곳에서 마감할 때까지 이 과정을 반복한 뒤, 그 지점에서 *매수* 포지션을 취할 것이다.

16일 차: 주가가 SAR보다 높은 곳에서 마감했으므로 우리는 종가인 52.50에 매수 포지션으로 진입한다. 장 마감 이후 우리는 ARC를 구한 뒤, 이를 거래 진입 이후 가장 높은 종가(HI SIC)에서 뺀다. 거래 진입 이후 가장 높은 종가는 당일의 종가인 52.50이다. 17일 차 SAR은 52.50-1.74=50.76이다.

33일 차: 주가가 SAR을 통과하였으나 SAR 위에서 마감하였다. 따라서 우리는 *매수* 포지션을 유지한다. 새로운 고점이 탄생한 뒤 변동성 증가에 따라 SAR이 어떻게 반응하는지 주목하라. 그리고 변동성 감소에 반응하며 포지션과 **같은 방향**으로 움직였다는 점에도 주목하라.

46일 차: 주가가 SAR 아래에서 마감하였기 때문에, 우리는 포지션을 전환하여 종가인 56.05에서 *매도* 포지션을 취한다. ARC를 구한 뒤 56.05에 그 값을 더하여 47일 차의 SAR을 구하면 58.72가 된다.

다음 페이지에는 실제 시장에서 시스템이 어떻게 작용하는지를 보여주는 차트가 수록되어 있다. 이 시스템을 이용하면 이 책에서 다루는 다른 시스템들처럼 거래가 빈번하게 이루어지지 않는다. 변동성 시스템은 장기적인 움직임을 포착하고 (포지션을) 유지하도록 설계된 시스템이다.

상품 선택 지수$_{CSI}$가 높은 시장에서 거래하는 것이 좋다(자세한 설명은 9장 참조).

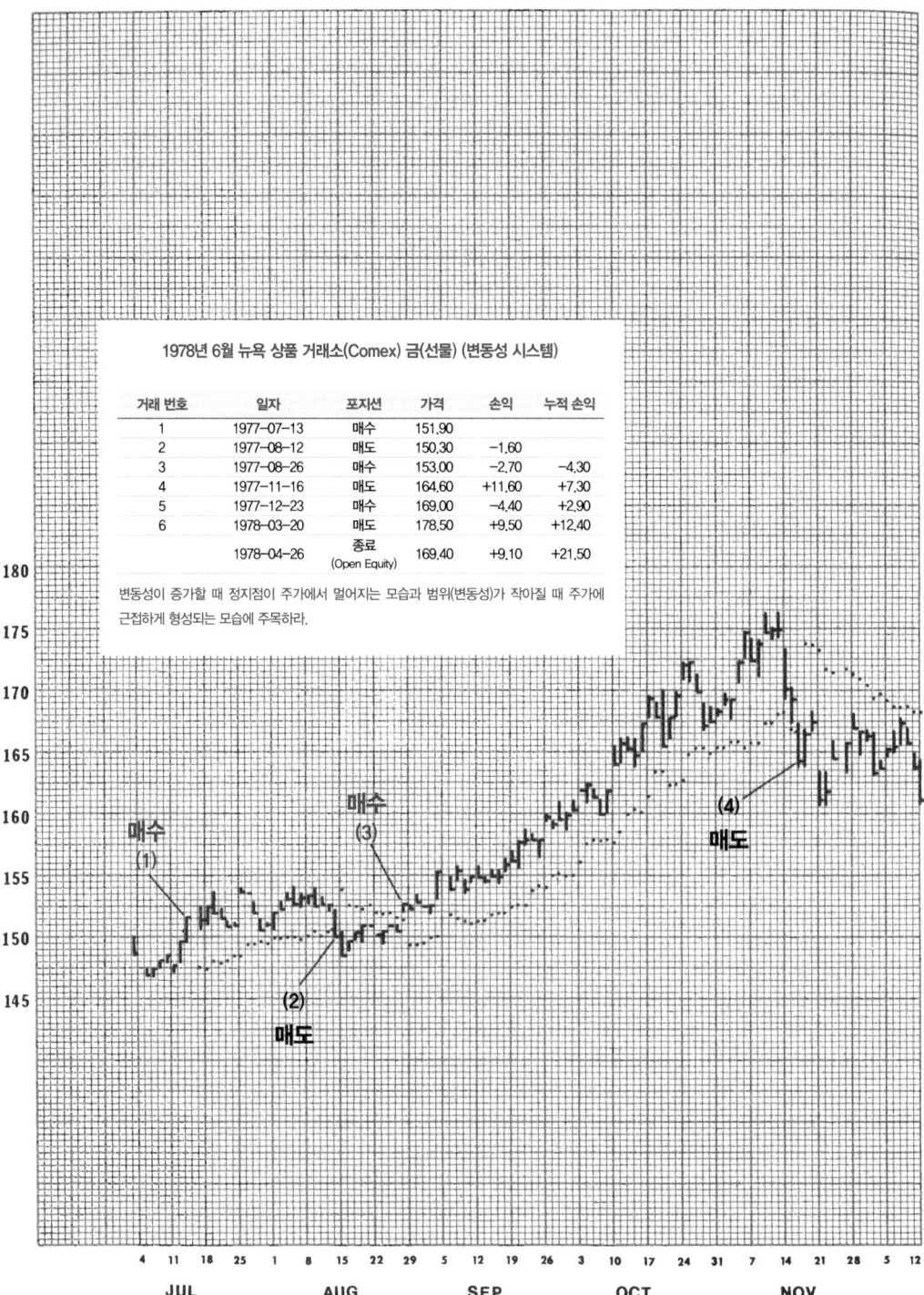

64

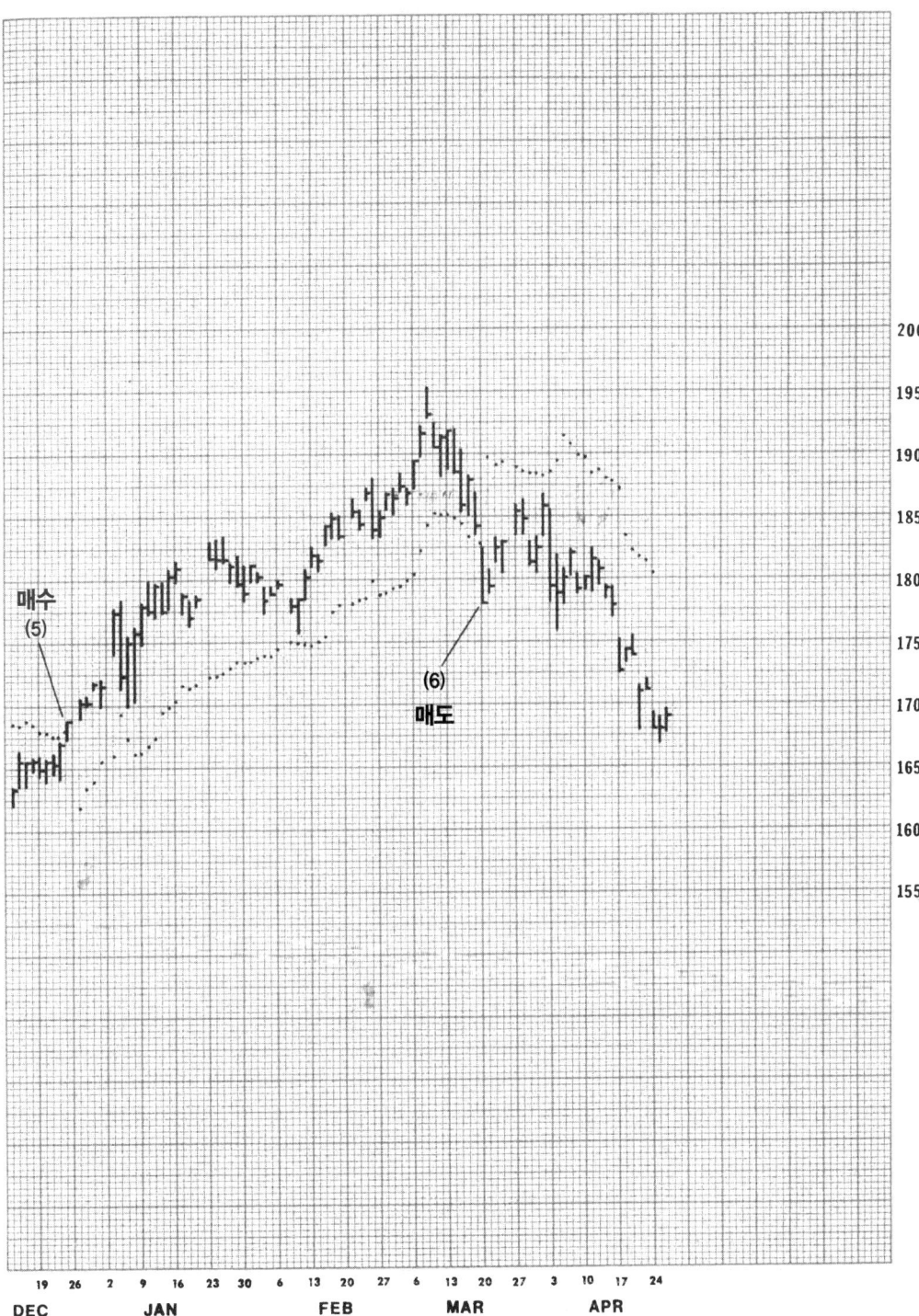

1978년 4월 생우(生牛)(선물) (변동성 시스템)

거래 번호	일자	포지션	가격	손익	누적 손익
1	1977-04-27	매도	44.82		
2	1977-06-20	매수	42.05	+2.77	
3	1977-07-12	매도	40.32	−1.73	+1.04
4	1977-09-08	매수	37.97	+2.35	+3.39
5	1978-03-28	청산	53.67	+15.70	+19.09

4월 소 거래 종료일에 (선물) 거래가 청산되었다.

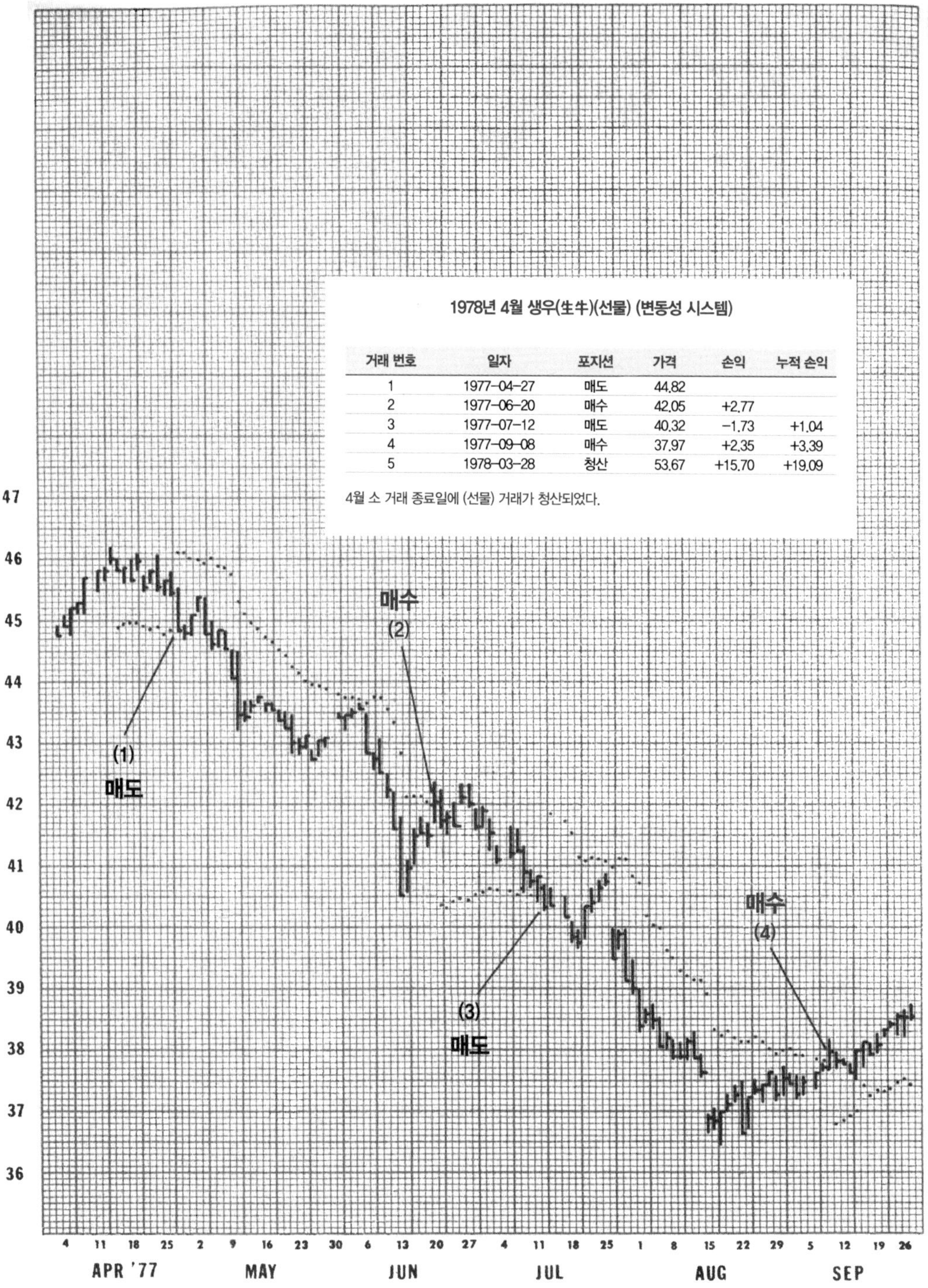

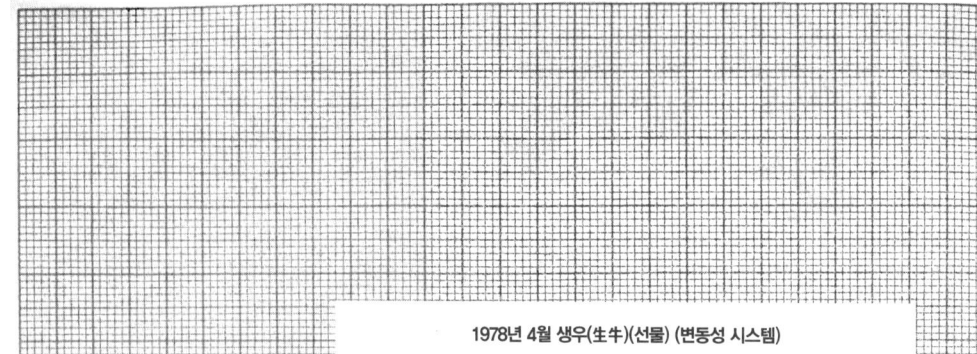

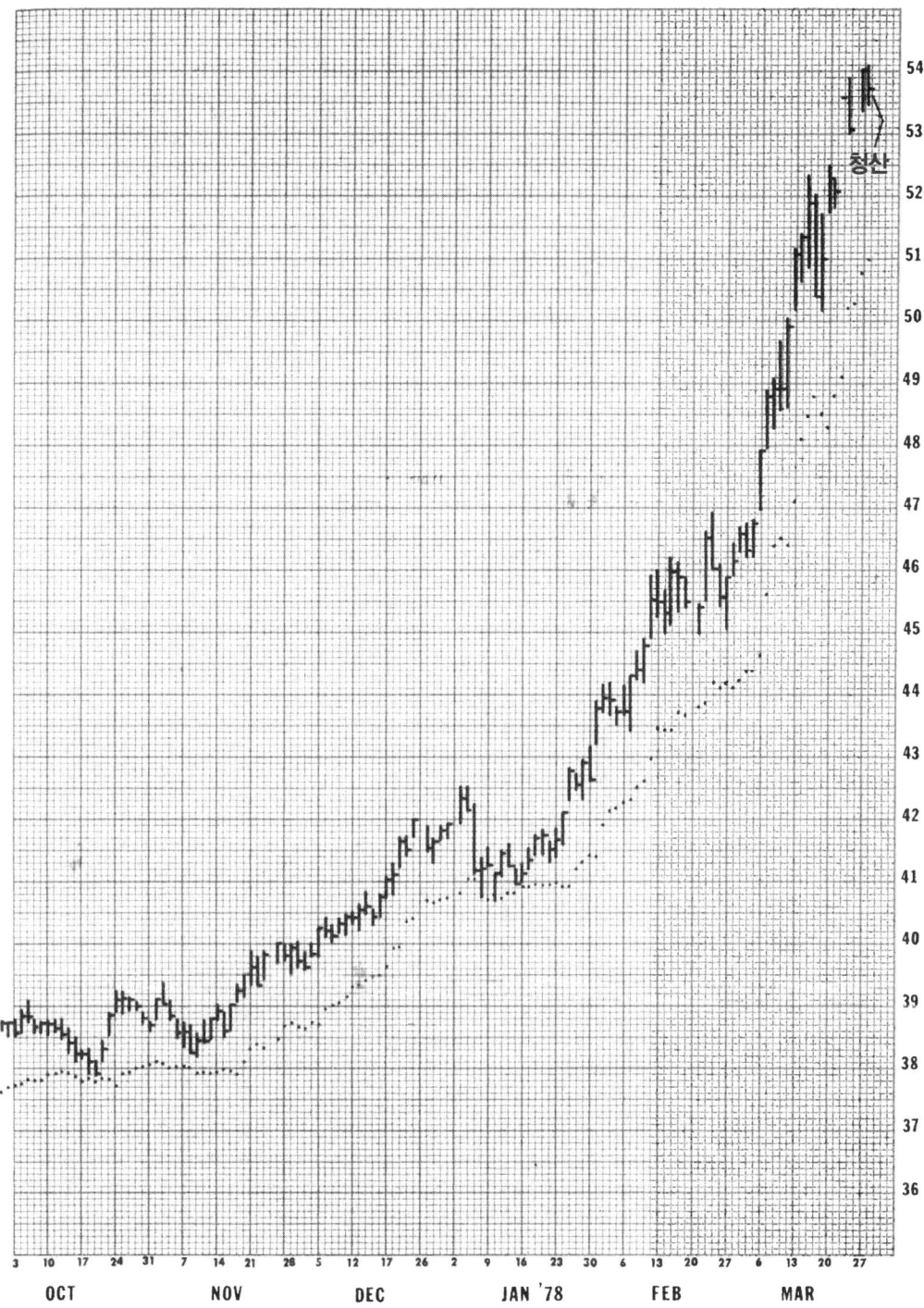

PART 3 변동성

PART 4

방향성

방향성Directional Movement은 이제껏 연구해 본 것 중 가장 흥미로운 개념이다. 이를 정의하는 것은 마치 무지개가 끝나는 점을 찾는 것과 유사하다. 볼 수 있고, 존재한다는 것도 알지만, 가까이 갈수록 알쏭달쏭해진다.

　나는 방향성 이론 연구에 보다 많은 시간을 투자했다. 그런 이유에서인지 모르겠지만 이 이론을 하나의 절대적인 수학 공식으로 축약해 낸 게 내가 달성한 업적 중 가장 만족스러운 것이기도 하다.

　상품이나 주식의 움직임을 0에서 100까지의 수치로 환산할 수 있다고 생각해 보라. 만약 당신이 추세 추종 방식을 따른다면, 높은 값의 상품만 거래할 것이다. 변덕스러운 움직임을 기회로 삼거나 추세가 없는 시장에서 거래하는 스타일이라면, 낮은 값의 상품만 거래할 것이다. 그리고 **상향** 이동과 **하향** 이동이 균형을 이루는 **균형점**을 정의할 수도 있다.

　트레이딩 **시스템들**을 정의하고자 상당한 연구들이 수행된 것과 달리, 시장을 정의하기 위한 연구는 거의 없었다. 이제 이것들이 어떻게 가능했는지를 살펴보겠다.

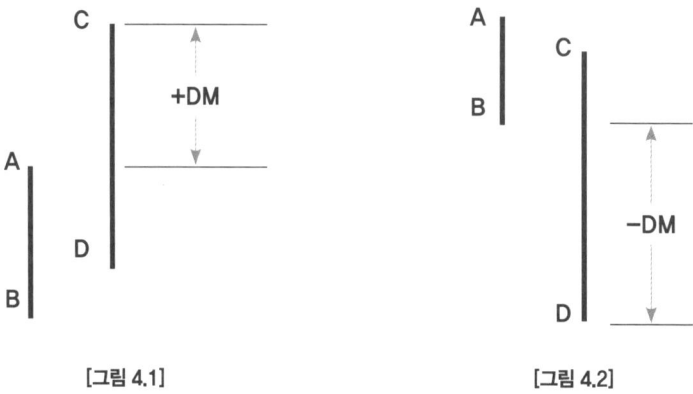

[그림 4.1]　　　　　　　　[그림 4.2]

　방향성 움직임의 가장 작은 증가분부터 살펴볼 것이다. 그림 4.1에서 움직임은 명백하게 **상승**하고 있다. 이 **상승** 움직임의 규모는 C와 A의 거리다. 사실상 이는 당일의 고가에서 전일의 고가를 뺀 값과 같다. 이 거리를 양의 $DM_{Plus\ DM,\ +DM}$이라 칭하자.

　저가들 사이의 거리, 즉, B와 D 사이의 거리는 무시한다.

　그림 4.2에서 움직임의 방향은 명백하게 **하락**한다. 움직임의 규모는 B와 D의 거리다. 이 값은 음수로 계산되며, 당일의 저가와 전일의 저가 간의 차이와 같다. 방향성이 명백하게 하락하고 있으므로, 오로지 저가만을 고려한다. 이 저가들 사이의 거리를 음의 $DM_{Minus\ DM,\ -DM}$으로 부르기로 하자.

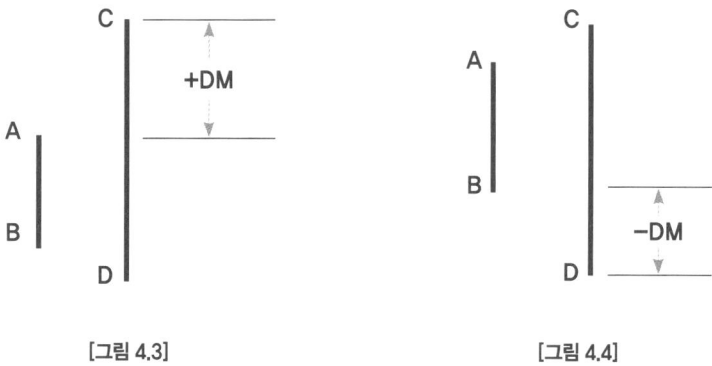

[그림 4.3] [그림 4.4]

아웃사이드 데이Outside Day(특정일의 최고가가 전일 최고가보다 높고, 최저가도 전일 최저가보다 낮은 경우를 의미함—역주)는 어떻게 처리해야 할까? 그림 4.3을 보자. 이 경우 움직임의 방향은 상승에 해당한다. 왜냐하면 +DM이 −DM보다 크기 때문이다. **움직임의 방향성은 상승이거나 하락이거나 둘 중 하나여야 하며, 둘 다가 될 수는 없다.** 따라서 아웃사이드 데이에는 더 큰 DM을 고려하고 작은 DM은 무시한다. 이 경우 DM은 C와 A의 차이며, **양수다.**

그림 4.4에서는 +DM보다 더 큰 −DM만 고려하면 된다.

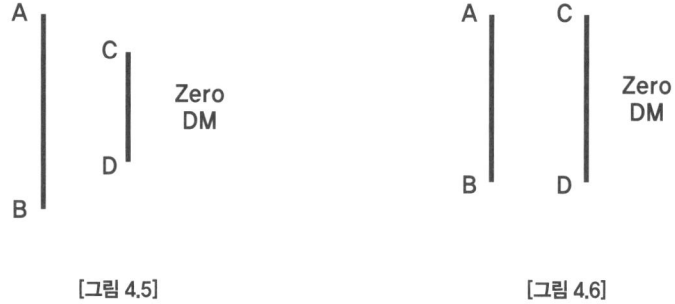

[그림 4.5] [그림 4.6]

인사이드 데이Inside Day(특정일의 기간 범위가 전날 가격 범위 내에 속하는 경우, 즉 당일 최고가는 전일 최고가보다 낮고, 당일 최저가는 전일 최저가보다 높은 경우를 의미한다―역주)에는 어떻게 할까? 이때 움직임의 방향성은 0이 된다. 그림 4.6에서도 마찬가지로 방향성 움직임은 0의 값을 갖는다.

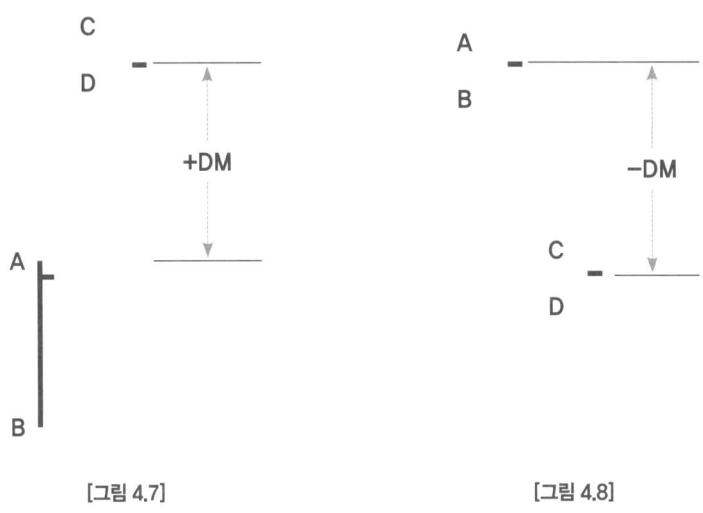

[그림 4.7]　　　　　　　　　　　　[그림 4.8]

가격이 상한가에서 멈춘 날(그림 4.7)의 DM은 +DM이며, C에서 A를 뺀 값이다. 가격이 하한가에서 멈춘 날(그림 4.8)의 DM은 −DM이며, D에서 B를 뺀 값이다. 이 그림들은 움직임의 방향성 측면에서 두 거래일 동안 발생할 수 있는 모든 조합을 고려한 것이다. 앞의 내용들을 한 문장으로 요약하자면, 방향성 움직임의 기본 증분은 다음과 같다.

전일 범위 밖으로 벗어난 당일 범위 중 가장 큰 부분

만약 (전일 범위 밖으로 벗어난) 당일 범위 중 가장 큰 부분이 전일 범위 위에 있다면, DM은 양의 값을 갖는다. 당일 범위의 가장 큰 부분이 전일 범위 아래에 있다면, DM은 음의 값을 갖는다.

DM의 값이 의미가 있으려면, DM을 범위의 함수로 표현할 수 있어야 한다. 다시 말해, DM은 범위의 함수여야 한다. 증분 범위란 오늘의 실제 범위(TR_1)다. 3장에서 사용한 실제 범위와 같은 개념이며, 다음 중 가장 **큰 값**이다.

(1) **당일 고가부터 당일 저가까지의 거리**
(2) **전일 종가부터 당일 고가까지의 거리**
(3) **전일 종가부터 당일 저가까지의 거리**

실제 범위는 항상 양의 값을 갖는다.

방향성 움직임$_{DM}$을 범위의 함수로 만들기 위해, 단순히 DM을 실제 범위$_{TR}$로 나누었다. 이를 방향성 지표$_{Directional\ Indicator,\ DI}$라 부르기로 하자. 아래의 +DI와 −DI 방정식은 아래첨자로 표시한 것처럼 **하루 동안**의 방향성 지표를 나타낸다.

$$+DI_1 = \frac{+DM_1}{TR_1}$$

$$-DI_1 = \frac{-DM_1}{TR_1}$$

상승장인 날에는 +DI$_1$ 방정식이 사용될 것이고, **하락**장인 날에는 −DI$_1$ 방정식이 사용될 것이다. 같은 날 **상승** 움직임과 **하락** 움직임이 동시에 발생할 수는 없다. 오늘은 상승하거나, 하락하거나 둘 중 하나다. 사실상 +DI는 해당일에 상승한 실제 범위를 백분율로 표현한 것이고, −DI는 해당일에 하락한 실제 범위를 백분율로 표현한 것이다.

방향성 지표$_{DI}$를 유용한 도구로 만들려면, 일정 기간의 DI를 합한 값을 도출해야 한다. 이를 위해 평균 주기의 절반에 해당하는 14일을 사용할 것이다. 과거 14일을 검토하여 일일 방향성 움직임$_{DM_1}$과 일일 실제 범위를 계산하면 된다. 먼저 14일 동안의 **실제 범위**를 모두 더한다. 이 값을 TR$_{14}$라고 하자. 다음으로 14일 동안의 양의 DM을 모두 더한 값을 +DM$_{14}$, 14일 동안의 음의 DM을 모두 더한 값을 −DM$_{14}$이라고 하자.

+DI$_{14}$와 −DI$_{14}$의 방정식은 다음과 같다.

$$+DI_{14} = \frac{+DM_{14}}{TR_{14}}$$

$$-DI_{14} = \frac{-DM_{14}}{TR_{14}}$$

('−DM'은 하락 움직임을 설명하기 위한 것이지, 방정식에서 음수로 계산하라는 의미는 아니다.)

첫 +DM$_{14}$와 첫 −DM$_{14}$를 한 번 계산한 뒤에는, 추후의 +DM$_{14}$와 −DM$_{14}$를 계산하기 위해 14일 동안의 과거 데이터를 계속해서 추적할 필요는 없다. 전일의 데이터를 이용해 누적하는 기법을 사용할 것이기 때문이다. 누적법 사용의 장점은 다음과 같다.

(1) 14일 동안의 과거 데이터를 계속해서 추적할 필요성을 없앤다.
(2) 이렇게 계산한 DM에는 스무딩Smoothing 효과가 반영된다.

누적법으로 새로운 +DM$_{14}$을 얻는 방법은 어제의 +DM$_{14}$을 14로 나눈 뒤 이 값을 어제의 +DM$_{14}$에서 빼고, 오늘의 +DM$_{1}$이 있다면 이를 더하는 것이다. 이 결과가 오늘의 +DM$_{14}$이 된다.

$$오늘의\ +DM_{14} = 이전의\ +DM_{14} - \frac{이전의\ +DM_{14}}{14} + 오늘의\ +DM_{1}$$

동일한 방식으로 −DM$_{14}$를 구할 수 있다. 어제의 −DM$_{14}$의 14분의 1에 해당하는 값을 뺀 뒤, 오늘의 −DM$_{1}$이 있다면 이를 더하는 것이다.

$$오늘의\ -DM_{14} = 이전의\ -DM_{14} - \frac{이전의\ -DM_{14}}{14} + 오늘의\ -DM_{1}$$

매일 +DM과 −DM의 14분의 1만큼을 제할 것이다. (오늘의) DM$_{1}$이 음수이면, 이를 −DM$_{14}$에 더할 것이고, (오늘의) DM$_{1}$이 양수이면, 이를 +DM$_{14}$에 더할 것이다.

실제 범위를 구할 때도 같은 절차를 따른다. TR$_{14}$의 14분의 1만큼을 제한 뒤, 이 값에 오늘의 실제 범위$_{TR_1}$를 더한다. 이 결과는 새로운 TR$_{14}$가 된다.

$$오늘의\ TR_{14} = 이전의\ TR_{14} - \left[\frac{이전의\ TR_{14}}{14} \right] + TR_{1}$$

+DI$_{14}$는 지난 14일 동안 상승한 총실제 범위의 비율을, −DI$_{14}$는 지난 14일 동안 하락한 총실제 범위의 비율을 나타낸다. +DI$_{14}$와 −DI$_{14}$ 모두 양의 값을 갖는다.

이쯤 되면 살짝 헷갈릴지도 모른다. 그러나 걱정하지 말라. 여기에서 잠깐 멈추고 예제를 통해 지금까지 논의된 내용을 하나하나 살펴볼 것이다. 그리고 나서 +DI$_{14}$와 -DI$_{14}$를 어떻게 활용하는지를 보여주고, +DI$_{14}$와 -DI$_{14}$의 차이를 항상 0과 100 사이의 값으로 바꾸어 주는 방향성 지수$_{DMI}$를 도출할 것이다. 먼저, 다음 워크시트 예제를 살펴보자.

워크시트에서 우리는 1978년도의 시카고 밀(선물)을 추적한다. 첫 14일부터 살펴보자.

(1) 열부터 (5) 열까지는 따로 설명할 필요가 없다.
(6) 열은 해당일의 실제 범위$_{TR}$다.
(7) 열은 해당일의 Plus DM$_{+DM_1}$이다.
(8) 열은 해당일의 Minus DM$_{-DM_1}$이다.

1977년 6월 7일에는 +DM$_1$과 -DM$_1$ 모두 0임에 주목하라. 이날은 인사이드 데이다. 마찬가지로, 1977년 6월 16일도 인사이드 데이다. 첫 14일 동안 우리는 (6), (7), (8) 열만 채워 넣는다. 14일이 끝나는 날에 우리는 (6), (7), (8) 열의 **합계**를 얻게 된다.

14일이 끝나는 날, 14일 동안의 일일 실제 범위$_{TR_1}$를 모두 더해 얻은 총실제 범위, 즉 TR$_{14}$는 41.00이다. (7) 열의 숫자를 모두 더해 얻은 총 +DM$_{14}$은 9.50이다. (8) 열의 숫자를 모두 더해 얻은 총 -DM$_{14}$은 14.00이다.

이제 15일 차(1977년 6월 21일)로 가 보자. 이제 우리는 해당일의 TR$_{14}$, +DM$_{14}$, -DM$_{14}$를 계산할 수 있다. 해당일의 TR$_{14}$를 구하는 계산식은 다음과 같다.

오늘의 TR_{14} = 이전의 TR_{14} − [$\dfrac{\text{이전의 } TR_{14}}{14}$] + TR_1

$$= 41.00 - [\dfrac{41.00}{14}] + 5.25$$

$$= 41.00 - 2.93 + 5.25 = 43.32$$

+DM_{14}를 구하는 계산식은 다음과 같다. (이 식에서 수식을 의미하는 +, −와 헷갈리지 않도록 +DM은 'Plus DM'이라고, −DM은 'Minus DM'이라고 적었다.)

오늘의 $Plus\ DM_{14}$ = 이전의 $Plus\ DM_{14}$ − [$\dfrac{\text{이전의 } Plus\ DM_{14}}{14}$] + $Plus\ DM_1$

오늘의 $Plus\ DM_{14}$ = 9.50 − [$\dfrac{9.50}{14}$] + 0

오늘의 $Plus\ DM_{14}$ = 9.50 − 0.68 + 0 = 8.82

−DM_{14}를 구하는 계산식은 다음과 같다.

오늘의 $Minus\ DM_{14}$ = 이전의 $Minus\ DM_{14}$ − [$\dfrac{\text{이전의 } Minus\ DM_{14}}{14}$] + $Minus\ DM_1$

오늘의 $Minus\ DM_{14}$ = 14.00 − [$\dfrac{14.00}{14}$] + 2.75

오늘의 $Minus\ DM_{14}$ = 14.00 − 1.00 + 2.75 = 15.75

위 두 가지 경우 모두, 이전의 총합을 14분의 1로 나눈 뒤 해당하는 오늘의 DM_1을 뒷부분에 더해 주었다는 점을 명심하라. 실제 범위$_{TR}$ 열에서는 항상 뒷부분에 더해지는 숫자가 있다. 그러나 +DM의 경우에는 뒷부분에 어떤 숫자도 더해지지 않았다. 왜냐하면 15일 차의 +DM이 0이었기 때문이다. 반면 −DM은 15일 차에 2.75가 더해졌다.

(9) 열에는 TR_{14}인 43.32를 적는다.
(10) 열에는 $+DM_{14}$인 8.82를 적는다.
(11) 열에는 $-DM_{14}$인 15.75를 적는다.

이제 다음과 같이 (10) 열의 $+DM_{14}$을 (9) 열의 TR_{14}로 나눈다.

$$\frac{+DM_{14}}{TR_{14}} = \frac{8.82}{43.32} = 0.20 \times 100 = 20$$

나누어진 값에 100을 곱한다(혹은 간단하게 소수점을 없애도 된다). 그리고 이 숫자를 (12) 열에 적는다. 이 20이라는 수치가 바로 +DI다. 이는 사실상 지난 14일 동안 실제 범위가 **상승한** 비율이 20%임을 의미한다.

$$\frac{-DM_{14}}{TR_{14}} = \frac{15.75}{43.32} = 0.36 \times 100 = 36$$

(11) 열의 $-DM_{14}$을 똑같이 (9) 열의 TR_{14}로 나누면 0.36이 된다. 이것이 −DI다. 다시 한번 여기에 100을 곱하거나 소수점을 없애고, 그 값인 36을 (13) 열에 적는다. 이는 사실상 지난 14일 동안 실제 범위의 36%가 **하락**하였음을 의미한다.

이제 우리가 구한 값들을 분석해 보자. 지난 14일 동안의 실제 범위 20%가 상승하고 36%가 하락하였다면, 이 둘을 더해 나온 값 56%는 실제 범위가 방향성을 갖는 경우(상승 또는 하락)다. 따라서 실제 범위 중 44%는 방향성이 없다는 말이 된다.

다음 부분이 정말 획기적인 부분이다. 실제 방향성$_{\text{True Directional Movement}}$은 $+DI_{14}$와 $-DI_{14}$의 차이다. 이는 중요한 개념이다. **상품이나 주식의 방향성 움직임이 클수록, $+DI_{14}$와 $-DI_{14}$의 차이 또한 커질 것이다.** $+DM$이 발생하는 날마다 $+DI_{14}$에 **더해지는** 동시에 $-DI_{14}$에서 **뺄** 것이다[원문에는 subtracting from $-DI_{14}$라고 명시하고 있으나, 계산식을 참조하면 실제로 $-DI_{14}$를 계산할 때 $+DM$을 직접적으로 빼는 것은 아니라는 것을 알 수 있다. 다만 $+DM$이 발생하면 $-DI_{14}$에서 차감되는 부분(이전의 $-DI_{14}$의 14분의 1에 해당하는 부분)만 존재하고 더해지는 부분은 없기에 간접적으로 $-DI_{14}$가 '감소'한다는 사실은 알 수 있다—역주]. 14일 이상 상승 움직임이 지속된다면, $+DI_{14}$는 큰 값을 갖게 되고 $-DI_{14}$는 0에 가까워질 것이다. 따라서 이 둘 간의 차이는 매우 클 것이다.

반대로, 가격이 14일 이상 계속해서 하락해 매일 $-DM$값을 발생시킨다면, 우리는 $-DI_{14}$에 **더하고** $+DI_{14}$에서는 **뺄** 것이다[위와 마찬가지로 원문에서는 subtracting from $-DI_{14}$라고 명시하고 있으나, 계산식을 참조하면 실제로 $+DI_{14}$를 계산할 때 $-DM$을 직접적으로 빼는 것은 아니라는 것을 알 수 있다. 다만 $-DM$이 발생하면 $+DI_{14}$에서 차감되는 부분(이전의 $+DI_{14}$의 14분의 1에 해당하는 부분)만 존재하고 더해지는 부분은 없기에 간접적으로 $+DI_{14}$가 '감소'한다는 사실은 알 수 있다—역주]. 이에 따라 $+DI_{14}$와 $-DI_{14}$의 차이가 커지게 된다.

가격이 횡보 움직임을 보인다면 $+DI_{14}$와 $-DI_{14}$의 차이는 매우 작아진다. 이는 가격이 **방향성 없이** 움직이고 있다는 사실을 말해 준다. 매우 천천히 움직이는 시장에서 DM이 매우 큰 값을 가질 수도 있다. 이는 DM이 일일 범위의 함수이기 때문이다. 역으로 변동성이 큰 시장에서 작은 DM값을 갖게 될 수도 있다.

워크시트로 돌아가 보자. $+DI_{14}$와 $-DI_{14}$의 차이(즉, (12) 열과 (13) 열의 차이)를 구해 이를 (14) 열에 기재하자.

(14) 열은 DI 차이다.
이 경우, DI 차이는 16이다.

앞서 양의 방향성 움직임(비율)과 음의 방향성 움직임(비율)의 **합계**(+DI$_{14}$과 -DI$_{14}$를 더한 값)가 지난 14일 동안의 방향성 있는 움직임(비율)을 나타낸다는 점을 언급하였다. 상승인지 하락인지는 중요하지 않다. 이 값을 (15) 열에 적는다.

(15) 열은 (12) 열과 (13) 열을 **더한 것**이다.
이 경우, 20 + 36 = 56이다.

이제 우리는 방향성 지수$_{\text{Directional Movement Index, DX}}$(이전에는 DMI라고 언급되어 있다―역주)에 해당하는 (16) 열을 채울 준비가 됐다. 이 값은 +DI$_{14}$와 -DI$_{14}$의 **차이**를 +DI$_{14}$와 -DI$_{14}$의 **합**으로 나누어 구할 수 있다.

16을 56으로 나눈 뒤 이 값에 100을 곱하거나 소수점을 생략하면 29를 얻게 되는데, 이 값이 바로 해당일의 DX다.

이러한 계산 방식에 따르면 DX는 항상 **0에서 100 사이**의 값을 갖게 된다. DX가 클수록 더욱 방향성 있는 움직임을 보이는 것이고, DX가 작을수록 적은 방향성을 보이는 것이다. 가격이 상승하는지 하락하는지는 **DX값에 영향을 주지 않는다**는 점을 명심하라.

14일 이상 가격이 줄곧 상승했다가 방향을 바꾸어 14일 이상 줄곧 하락했다고 해 보자. 가격이 최고점을 찍고 하락하기 시작하면서 DX는 감소할 것이나, 가격이 계속 하락하면 DX는 다시 커질 것이다. **상승 움직임**과 **하락 움직임** 모두 상당한 방향성을 갖는다는 뜻이다. 가격이 최고점을 찍고 하락하기 시작하면 +DI_{14}와 -DI_{14}의 **차이가 감소**해 0에 도달한 뒤 상승할 것이다. 즉, 가격이 상승할 때 +DI_{14}는 큰 값을 가지고 -DI_{14}는 작은 값을 가진다. 가격이 최고점을 찍고 하락하기 시작하면 **균형점에 도달**했다가, -DI_{14}가 증가하고 +DI_{14}가 감소해 그 **차이**가 다시 증가하는 것이다.

이러한 대응을 완만하게 하면서 동시에 극단적인 가격 상승과 하락 움직임 모두를 나타내기 위해서는 DX 계산에 사용하는 기간이 +DI_{14} 및 -DI_{14} 계산에 사용되는 기간의 두 배가 되어야 한다[DX는 단기적인 가격 급등 또는 급락에 현혹되지 않고 추세의 강도를 안정적으로 알릴 수 있어야 함과 동시에, 중요한 추세(상승이든지 하락이든지)에는 계속 반응하도록 해야 한다는 의미다. 즉 사소한 변동에 과민 반응하지 않도록 하면서도 지표가 너무 무뎌져 실제 시장 추세에 대응하지 못해서는 안 된다. 따라서 이러한 목적을 달성하기 위해서는 균형을 맞추는 작업이 필요함을 시사한다—역주]. 이는 간단히 14일 평균 방향성 지수 Average Directional Movement Index, ADX를 사용함으로써 해결할 수 있다. 14일 ADX를 구한 다음부터는 전일의 ADX를 이용해 이를 구해 나갈 수 있다.

이쯤 되면 +DI_{14}가 -DI_{14}를 교차할 때 *매수*하고, -DI_{14}가 +DI_{14}를 교차할 때 *매도*한다는 것을 눈치챘을지도 모르겠다. **ADX 규모**가 가장 큰 상위 대여섯 개의 상품만 거래하면 된다는 사실도. 그렇다면 지금까지 말한 내용을 제대로 이해한 것이다. 그러나 알아두어야 할 게 조금 더 있다. 이 개념과 관련한 마지막 파트를 다루기 전에, 워크시트의 16일 차(1977년 6월 22일)를 보면서 앞서 논의한 내용들을 되새겨 보도록 하자.

일일 워크시트

방향성 지수

상품명: 시카고 밀 / 계약 월: 1978년 3월

	(1) 일자	(2) 시가	(3) 고가	(4) 저가	(5) 종가	(6) TR1	(7) +DM$_1$	(8) −DM$_1$	(9) TR$_{14}$	(10) +DM$_{14}$	(11) −DM$_{14}$	(12) (10)÷(9) +DI$_{14}$
1	77년 6월 1일		274	272	272.75							
2	2일		273.25	270.25	270.75	3.00	0	1.75				
3	3일		272	269.75	270	2.25	0	0.50				
4	6일 M		270.75	268	269.25	2.75	0	1.75				
5	7일		270	269	269.75	1.00	0	0				
6	8일		270.50	268	270	2.50	0	1.00				
7	9일		268.50	266.50	266.50	3.50	0	1.50				
8	10일		265.50	263	263.25	3.50	0	3.50				
9	13일 M		262.50	259	260.25	4.25	0	4.00				
10	14일		263.50	260	263	3.50	1.00	0				
11	15일		269.50	263	266.50	6.50	6.00	0				
12	16일		267.25	265	267	2.25	0	0				
13	17일		267.50	265.50	265.75	2.00	0.25	0				
14	20일 M		269.75	266	268.50	4.00	2.25	0				
	총합					41.00	9.50	14.00				
15	21일		268.25	263.25	264.25	5.25	0	2.75	43.32	8.82	15.75	20
16	22일		264	261.50	264	2.75	0	1.75	42.98	8.19	16.37	19
17	23일		268	266.25	266.50	4.00	4.00	0	43.91	11.60	15.20	26
18	24일		266	264.25	265.25	2.25	0	2.00	43.02	10.77	16.11	25
19	27일 M		274	267	273	8.75	8.00	0	48.70	18.00	14.96	37
20	28일		277.50	273.50	276.75	4.50	3.50	0	49.72	20.21	13.89	41
21	29일		277	272.50	273	4.50	0	1.00	50.67	18.77	13.90	37
22	30일		272	269.50	270.25	3.50	0	3.00	50.55	17.43	15.91	34
23	77년 7월 1일		267.75	264	266.75	6.25	0	5.50	53.19	16.18	20.27	30
24	5일 T		269.25	263	263	6.25	1.50	0	55.64	16.52	18.82	30
25	6일		266	263.50	265.50	3.00	0	0	54.67	15.34	17.48	28
26	7일		265	262	262.25	3.50	0	1.50	54.26	14.24	17.73	26
27	8일		264.75	261.50	262.75	3.25	0	0.50	53.63	13.22	16.96	25
28	11일 M		261	255.50	255.50	7.25	0	6.00	57.05	12.28	21.75	22
	총합											
29	12일		257.50	253	253	4.50	0	2.50	57.47	11.40	22.70	20
30	13일		259	254	257.50	6.00	1.50	0	59.36	12.09	21.08	20
31	14일		259.75	257.50	257.50	2.25	0.75	0	57.37	11.98	19.57	21
32	15일		257.25	250	250	7.50	0	7.50	60.77	11.12	25.67	18
33	18일 M		250	247	249.75	3.00	0	3.00	59.43	10.33	26.84	17
34	19일		254.25	252.75	253.75	4.50	4.25	0	59.68	13.84	24.92	23
35	20일		254	250.50	251.25	3.50	0	2.25	58.92	12.85	25.39	22
36	21일		253.25	250.25	250.50	3.00	0	0.25	57.71	11.93	23.83	21
37	22일		253.25	251	253	2.75	0	0	56.34	11.08	22.13	20
38	25일 M		251.75	250.50	251.50	2.50	0	0.50	54.82	10.29	21.05	19
39	26일		253	249.50	250	3.50	1.25	0	54.40	10.80	19.55	20
40	27일		251.50	245.25	245.75	6.25	0	4.25	56.76	10.05	22.40	18
41	28일		246.25	240	242.75	6.25	0	5.25	58.96	9.31	26.05	16
42	29일		244.25	241.25	243.50	3.00	0	0	57.75	8.64	24.19	15

K: _____

(11)÷(9) (13) −DI₁₄	(12)−(13) (14) DI 차이	(12)+(13) (15) DI 합	(14)÷(15) (16) DX	(17) ADX	조치 및 주문	ADXR	ATR₁₄	CSI
36	16	56	29					
38	19	57	33					
35	9	61	15					
37	12	62	19					
31	6	68	9					
28	13	69	19					
27	10	64	16					
31	4	66	6					
38	8	68	12					
34	4	64	6					
32	4	60	7					
33	7	59	12					
32	7	57	12					
38	16	60	27					
			222	16				
39	19	59	32	17				
36	16	56	29	18				
34	13	55	24	18				
42	24	60	40	20				
45	28	62	45	22				
42	19	65	29	22				
43	21	65	32	23				
41	20	62	32	23				
39	19	59	32	24				
38	19	57	33	25				
36	16	56	28	25				
39	21	57	37	26				
44	28	60	47	27		22	4.21	
42	27	57	47	29		23	4.13	

워크시트 예제
방향성

16일 차: 고가, 저가, 종가를 적어 넣은 뒤 실제 범위가 2.75라는 것을 계산했다. +DM은 0이고 −DM은 1.75이다. (9) 열의 TR_{14}를 계산하기 위해 다음과 같은 식을 이용하였다.

$$TR_{14} = 43.32 - [\frac{43.32}{14}] + 2.75$$
$$= 43.32 - 3.09 + 2.75$$
$$= 42.98$$

(10) 열의 $+DM_{14}$을 계산하기 위해 다음과 같은 식을 이용하였다.

$$+DM_{14} = 8.82 - [\frac{8.82}{14}] + 0$$
$$= 8.82 - 0.63 + 0$$
$$= 8.19$$

(11) 열의 $-DM_{14}$을 계산하기 위해 다음과 같은 식을 이용하였다.

$$-DM_{14} = 15.75 - [\frac{15.75}{14}] + 1.75$$
$$= 15.75 - 1.13 + 1.75$$
$$= 16.37$$

이제 (10) 열을 (9) 열로 나눈 뒤 소수점을 없애면 19가 나온다. 이는 $+DI_{14}$이며, (12) 열에 기재한다.

(12) 열: $\dfrac{8.19}{42.98}$ = 0.19 × 100 = 19

(11) 열을 (9) 열로 나눈 뒤 소수점을 없애면 38이 나온다. 이는 -DI$_{14}$이며, (13) 열에 기재한다.

(13) 열: $\dfrac{16.37}{42.98}$ = 0.38 × 100 = 38

이번에는 (12) 열과 (13) 열의 차이를 구해 DI 차이를 나타내는 (14) 열에 적는다.

(14) 열: 38 - 19 = 19

(12) 열과 (13) 열의 합을 구해 그 결과를 (15) 열에 적는다.

(15) 열: 39 + 19 = 57

이제 (14) 열을 (15) 열로 나누고 소수점을 없앤 값을 (16) 열에 적는다.

(16) 열: $\dfrac{19}{57}$ = 33

이 값이 DX다.

이 과정을 이후 14일 동안 반복하다 보면 숙달될 것이다. 28일 차인 1977년 7월 11일이 되면 우리는 첫 ADX를 계산할 수 있는 충분한 과거 정보를 습득하게 된다.

(16) 열에 있는 과거 수치 14개를 모두 더한 뒤 그 총합을 14로 나누어 28일 차

ADX를 구한다. 그 결과 16이 28일 차(1977년 7월 11일)의 ADX가 된다. 29일 차인 1977년 7월 12일의 ADX를 구하기 위해서는 이동 평균 방정식을 이용한다. 이제 우리는 총합이 아닌, 평균을 다루고 있기 때문이다. 어제의 ADX에 13을 곱한 뒤 오늘의 DX를 더하고 이를 14로 나눈다. 그 절차는 다음과 같다.

$$\text{오늘의 } ADX = \frac{\text{이전의 } ADX \times 13 + \text{오늘의 } DX}{14}$$

$$= \frac{(16 \times 13) + 32}{14}$$

$$= \frac{208 + 32}{14}$$

$$= 17.14 \text{(반올림하면 17)}$$

이 계산 결과인 17을 (17) 열에 기재한다. 계산 방식이 비교적 단순해 이 방법을 따르는 이들은 금방 익숙해질 것이다. 이 방법의 장점은 첫 번째 ADX를 한 번 얻고 나면, 어제 이전의 데이터를 들여다볼 필요가 없다는 점이다. 정보를 기록하고 소형 전자계산기로 계산을 수행하는 데 걸리는 시간은 하루에 고작 1, 2분이다. 일주일 정도 하다 보면 그다음부터는 (이 방법을) 따르는 게 어찌나 쉬운지 깜짝 놀라게 될 것이다.

방향성 지수를 따르는 데 필요한 정보는 이게 전부다. 그러나 워크시트에는 다음과 같은 3개의 열이 더 남아 있다.

ADXR~Average Directional Movement Index Rating~ - 평균 방향성 지수 등급
ATR$_{14}$ - 14일 평균 실제 범위
CSI - 상품 선택 지수

이 세 가지는 9장에서 설명할 상품 선택 지수$_{CSI}$와 관련이 있는 것들이다. 이 워크시트에는 CSI를 계산하는 데 필요한 정보 대부분이 포함되어 있다. 같은 이유로 이 열들도 워크시트에 추가해 두었다.

이 시점에서 우리는 ADXR과 ATR$_{14}$에 관해 논의할 것이다. ADXR은 방향성을 나타내는 등급 척도에서 모든 상품, 화폐, 주식 등의 등급을 매기는 데 사용되는 최종 수치다. ADXR은 간단하게 오늘의 ADX와 14일 전의 ADX를 더한 뒤 2로 나눈 값이다.

$$ADXR = \frac{\text{오늘의 } ADX \times 14\text{일 전의 } ADX}{2}$$

ADXR은 오로지 방향성의 등급을 매기는 데에만 사용되기 때문에, 방향성을 나타내면서도 동시에 방향이 바뀔 때 심하게 변동해서는 안 된다.

ADX를 그래프로 표시하면 사인$_{sine}$ 곡선을 형성하는 경향이 있다(ADX 그래프가 시간에 따라 위아래로 파동을 형성하는 모습이 사인 곡선과 유사하다는 의미—역주).

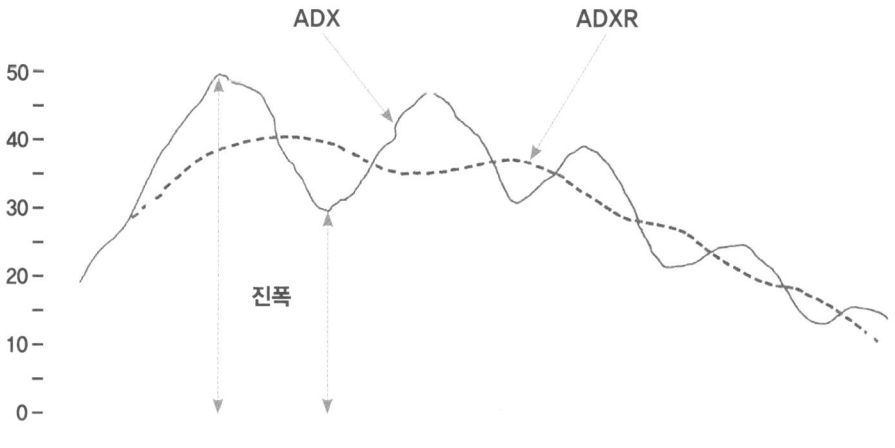

[그림 4.9]

곡선의 진폭은 영 선$_{\text{Zero Line}}$에서부터 측정된다. ADX 곡선의 봉우리와 골짜기는 방향 전환을 나타낸다. 하락 추세라면 봉우리는 저점을, 골짜기는 고점을 의미할 것이다. 주된 추세가 상승세라면 봉우리는 고점을, 골짜기는 저점을 의미할 것이다.

진폭이 클수록, 한 방향으로 움직이는 경향성이 크다. 상승이건 하락이건 그 방향이 곧 주된 추세를 의미한다. 봉우리와 골짜기 사이의 거리가 멀수록, 추세에 대한 반응이 커진다. 반응의 지속 시간과 거리가 상당할 경우 양방향 모두에서 추세 추종 시스템은 유용할 것이다.

ADXR은 방향성 움직임을 잘 나타내야 하지만, 균형점에서 지나치게 변동해서는 안 된다. 이는 ADX의 14일 차이 평균을 구해 해결할 수 있다.

방향성 움직임은 쉽게 이해할 수 있는 개념은 아니다.

좋은 방향성 움직임은 단순히 계속해서 상승하거나 하락하는 게 아니다. **균형점을 넘나들며** 위아래로 움직이는 것 또한 좋은 움직임이다. 사실상 이게 바로 ADX가 측정하는 것이다. 균형점은 $+DI_{14}$와 $-DI_{14}$가 같아지는 지점이다.

그림 4.10에서 ADX는 낮은 값을 갖는다. 그림상에서 (위아래로) 변동하는 것은 가격의 변동을 나타내는 것이다.

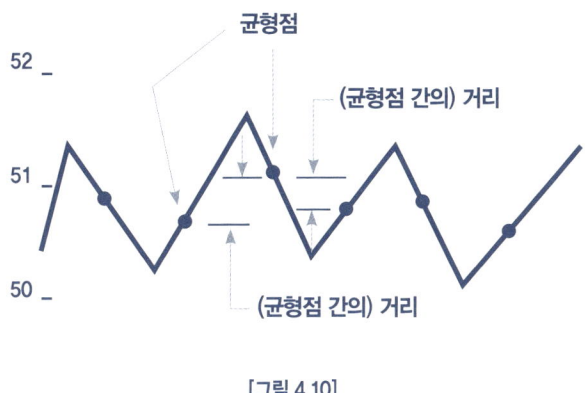

[그림 4.10]

균형점 간의 거리는 상대적으로 가깝다.

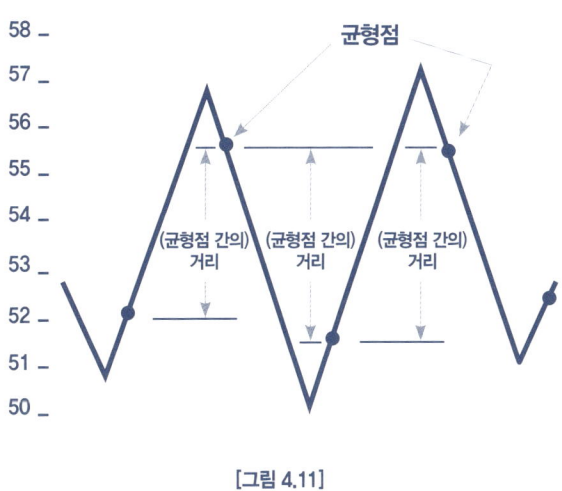

[그림 4.11]

그림 4.11에서는 균형점 간의 거리가 멀기 때문에 ADX는 높은 값을 갖는다.

그림 4.12에서도 마찬가지로 ADX가 높은 값을 갖는다. 균형점이 한 번만 달성되었기 때문이다. 이때 추세는 감소세로 전환한다.

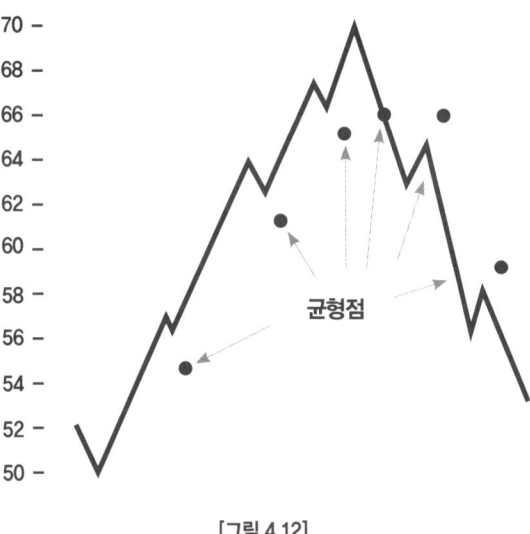

[그림 4.12]

또 다른 극단적인 예를 살펴보자.

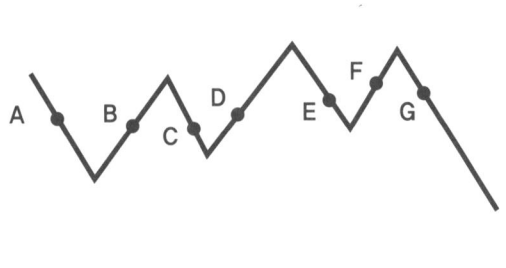

[그림 4.13]

균형점 B와 C 사이의 거리는 0이다. B점에서 매수하고 C점에서 매도할 경우 본전치기가 된다. E점에서 매도하고 F점에서 매수한다고 가정하면 손해를 볼 것이다. 여기엔 얼마간의 방향성 움직임이 존재한다. 왜냐하면 E점과 F점 사이에 어느 정도 거리가 있기 때문이다.

이는 ADXR이 20 미만일 때의 시장 움직임을 나타낸다. ADXR이 25를 초과하면,

균형점은 벌어진다. 14일이라는 기간에 비해 방향성 움직임이 크다면, 균형점들은 B, D, F에서 발생한 이후 다음 움직임의 중간 지점이 아닌 다음 움직임 직후에 형성된다 (시장의 변동성이 크다면 더 빠른 반응이 나타난다는 것을 시사한다—역주).

이 개념과 차트에서 +DI$_{14}$, -DI$_{14}$, ADX가 만들어 내는 선들의 상호 작용에 대한 집중적인 분석을 통해 많은 것을 배울 수 있다. 방향성 시스템을 논의한 다음에는 좀 더 명확한 시스템들에 관해 언급할 예정이다.

워크시트에서 41일 차의 ADXR 수치는 22였다. 이는 27이라는 ADX를 14일 전의 ADX인 16에 더한 뒤 그 합을 2로 나누어 구한 것이다.

ADXR = 27 + 16 = 43 ÷ 2 = 21.5(반올림하여 22)

ATR$_{14}$는 단순히 TR$_{14}$의 평균이므로 TR$_{14}$를 14로 나누어 구한다.

ATR$_{14}$ = 58.96 ÷ 14 = 4.21

CSI와 상수 K는 9장에서 설명할 것이다.

방향성 시스템

방향성 시스템 자체는 매우 단순하다. +DI$_{14}$가 -DI$_{14}$를 뚫고 올라갈 때 *매수* 포지션을 취한다. 포지션은 -DI$_{14}$가 +DI$_{14}$를 뚫고 올라갈 때 전환된다. 가장 좋은 결과를 얻으려면 CSI가 **높은** 시장에서 거래하면 된다.

경험칙에 의하면 이 시스템은 ADXR이 25를 초과하는 상품에 유용하다. ADXR이 20 미만일 때에는 추세 추종 시스템을 사용하지 마라. 이 책에서는 ADXR이 20~25 미만인 시장에서 사용할 수 있는 시스템 두 가지를 언급할 것이다. **추세 균형점 시스템**Trend Balance Point System**과 반응 추세 시스템**Reaction Trend System이다.

방향성 시스템을 따르기 위한 법칙들이 여럿 있는데, 이름하여 **극점법**Extreme Point Rule 이다. +DI$_{14}$와 -DI$_{14}$가 교차하는 날, 당일 형성된 극단값Extreme Price, EP을 전환점으로 활용하는 것이다.

매수 포지션이라면 전환점은 교차일에 형성된 **저가**일 것이고, *매도* 포지션이라면 전환점은 교차일에 형성된 **고가**일 것이다. 지수가 며칠 동안 포지션에 반대되는 교차 상태를 유지하더라도, 손절매 주문이 실행되지 않는 한 해당 포지션을 그대로 유지하라.

방향성 시스템으로 생성된 균형점은 시장이 방향을 전환하는지와 관계없이 중요한 지점이다. 지표들이 교차하는 날 형성된 극단값은 대개는 다시 돌파되지 않으며, 시장(가격)은 현재 포지션과 같은 방향으로 되돌아가게 된다.

진입 및 (포지션) 전환 규칙은 너무도 간단해서 워크시트 예제로 풀이할 필요가 없다. 대신 막대 차트 위에서 +DI$_{14}$, -DI$_{14}$ 그리고 ADX가 만들어 내는 그래프들 사이의 중요한 상호 작용에 대해 논의할 것이다.

예시로는 1978년 3월 밀 (선물) 막대 차트를 이용할 것이다. 7월과 8월은 하락 추세다. -DI$_{14}$ 선은 +DI$_{14}$ 선 위에 있고 DI 차이는 상대적으로 크다. 상승하고 있는 ADX 선이 -DI$_{14}$ 선을 상회하기 시작할 때 변곡점이 나타난다. 이유는 다음과 같다. -DI$_{14}$ 가 사그라들기 시작했지만 +DI$_{14}$가 여전히 감소하고 있으므로 ADX는 계속 증가한다. 그러므로 DI 차이는 여전히 크다. 변곡점은 종종 ADX가 두 DI$_{14}$ 선을 **모두 상향 돌파한 이후**, ADX 선이 처음 하락함과 동시에 발생한다.

차트에서 ADX 선이 (두 DI 선을 **모두 상향 돌파**한 이후) 최저점 2일 뒤 하락 전환함에 유의하라. 다음번 ADX가 (두 DI 선을 **모두 상향 돌파**한 이후) 방향을 전환하는 것은 1977년 10월 4일 첫 번째 중간 고점이 형성되고 나서 3일이 지난 뒤다. 그다음 방향 전환은 (한 번 더 두 DI 선을 **모두 상향 돌파**한 이후) 1977년 11월 21일 고점이 형성된 하루 뒤다.

이러한 지표는 주된 추세와 **같은 방향에서** 유리한 지점에 있을 때만 나타날 수 있다. 이 신호가 발생하면 수익을 올리기 안 좋은 타이밍일 확률은 거의 없다. 큰 추세를 따르기로 한다면, 이전에 이익을 취했던 지점보다 더 나은 매수 지점을 얻게 될 것이다. 지표가 이를 암시할 때, 해당 시스템을 이용한 거래를 잠시 청산했다가 다음번 DI 선들이 교차할 때 혹은 ADX 선이 다시 상향 전환할 때 추세를 따라 재진입해도 나쁠 것은 없다.

터질 듯이 치솟는 강세장에서는 때때로 ADX가 두 DI 선 위에서 하락한 뒤 다시 상승할 것이다. 이러한 상황에서 당신은 교차점을 기다릴지도 모르겠다. 그러나, 여러 건의 트레이딩을 진행 중이라면 ADX가 두 DI 선 위에 있다는 전제하에 처음 하락 전환하는 지점에서 이익을 좀 챙겨두는 것도 좋다.

또 다른 흥미로운 사실이 있다. ADX가 **두 DI 선보다 아래**에 위치할 때는 거래를 중단해야 한다. 적어도 추세 추종 시스템을 이용한 거래는 멈춰야 한다.

극점법의 예시를 몇 가지 살펴보자. 10월 13일 +DI$_{14}$ 선은 -DI$_{14}$ 선을 하향 돌파하였는데, 이는 *매수* 포지션을 전환하라는 신호다. 당일의 저가인 251.50을 정지점으로 정하지만, 이후 다시는 정지점에 도달하지 않는다. 10월 21일, +DI$_{14}$가 -DI$_{14}$와 같아지기는 하지만 교차하지는 않기 때문에, 아무런 조치도 취하지 않는다.

1월 23일이 되자 +DI$_{14}$ 선이 -DI$_{14}$ 선을 상향 돌파한다. 그러나 *매도* 포지션은 유지한다. 왜냐하면 1월 23일에 형성된 고점이 뚫리지 않았기 때문이다.

밀 (선물) 차트에 대한 논의를 고려해 다른 차트를 연구해 보라. 이 시스템이 큰 움직임을 어떻게 따르는지, 그리고 때로는 (포지션) 전환 없이 어떤 중요한 반응을 보이는지에 주목하라. 그리고 주요 추세가 지속될 때, 포지션이 추세 방향으로 얼마나 빠르게 전환되는지에도 주목하라.

대다수에게 방향성이라는 개념과 그 적용이 쉽지 않을 것임을 안다. 그러나 노력하는 자에게는 보상이 따를 것이다. 완벽한 시장 진입 및 청산 시점을 알려주는 동시에 해당 시장에서 거래해야 할지 말지를 알려주는 시스템이 여기 있다.

+DI$_{14}$와 -DI$_{14}$ 지표를 사용하는 또 다른 방법은 당신이 선호하는 다른 프로그램의 백업용으로 사용하거나, ADX 선이 두 가지 DI 선들 위에서 하향 전환할 때, 저점과 고점의 초기 지표로 활용하는 것이다. 예컨대 당신이 장기 투자자이고 특정 상품의 추세를 지켜보면서 매수 포인트를 찾고 있었다고 가정하자. 이 시스템은 ADX의 하향 전환이라는 저점의 초기 징후를 보여준 뒤, DI 선이 -DI$_{14}$를 상향 돌파함으로써 이를 확인시켜 줄 것이다.

또 다른 대안은 ADX를 이 책에서 소개하는 다른 시스템들, 또는 당신이 선호하는 또 다른 시스템의 추세 지표로 사용하는 것이다. +DI_{14}가 -DI_{14}를 상향 교차할 때는 *매수* 거래만 시도하고, -DI_{14}가 +DI_{14}를 상향 교차할 때는 *매도* 거래만 시도하는 것이다.

이 책에서 다루는 시스템들의 우열을 논하지는 않을 것이다. 누군가가 선호하는 시스템이 다른 이에게는 천적일 수도 있기 때문이다. 그냥 이렇게만 말하겠다. 수익 달성에 관심이 있는 진중한 투자자라면 이 챕터 하나만 놓고 보아도 책의 가격보다 몇 배는 더한 값어치를 얻을 수 있을 것이다.

이번 장은 상품 선택 지수$_{CSI}$와 밀접한 관련이 있는 챕터이므로, 이번 장을 끝마친 뒤 바로 9장으로 넘어가도 좋다.

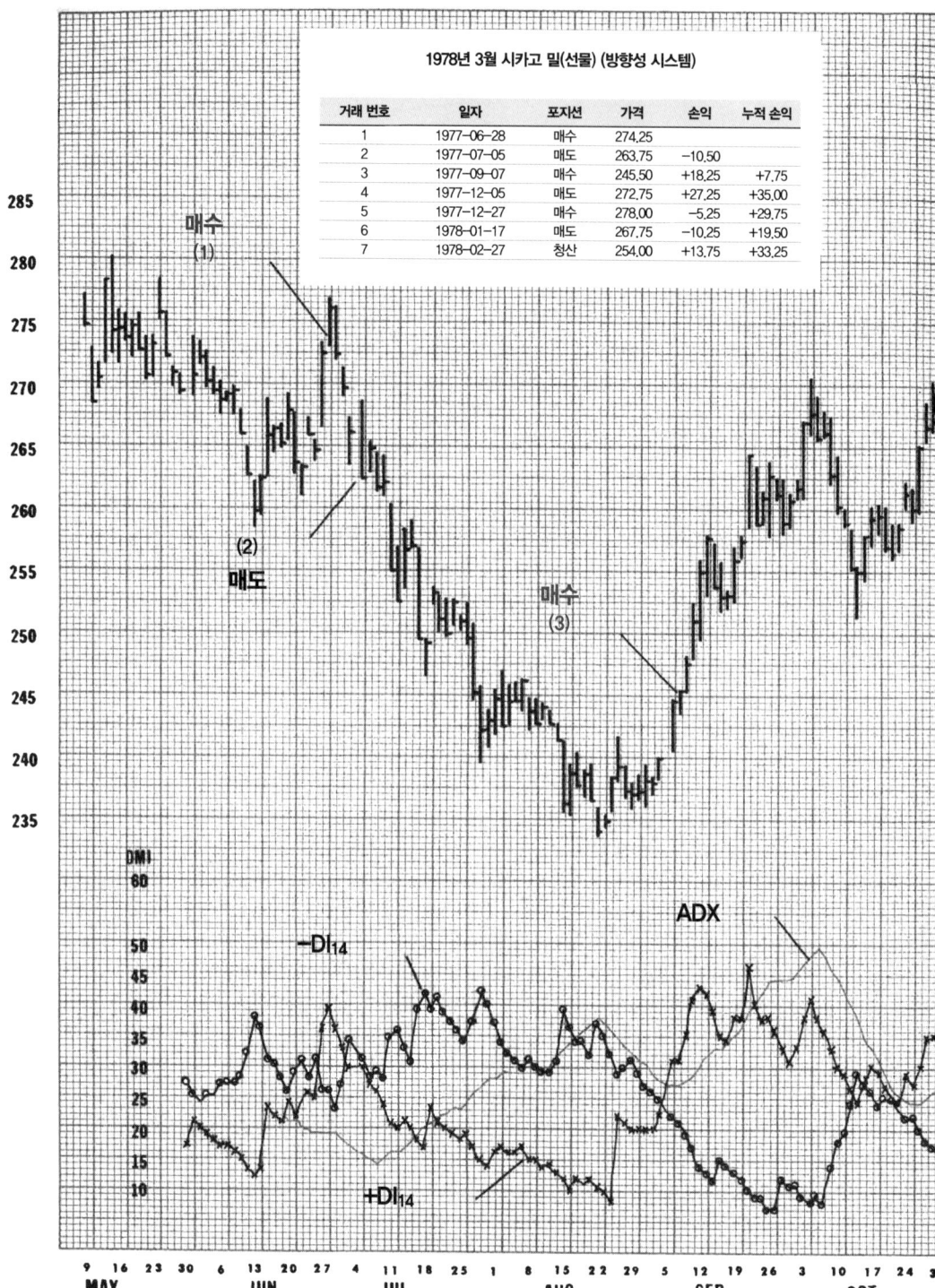

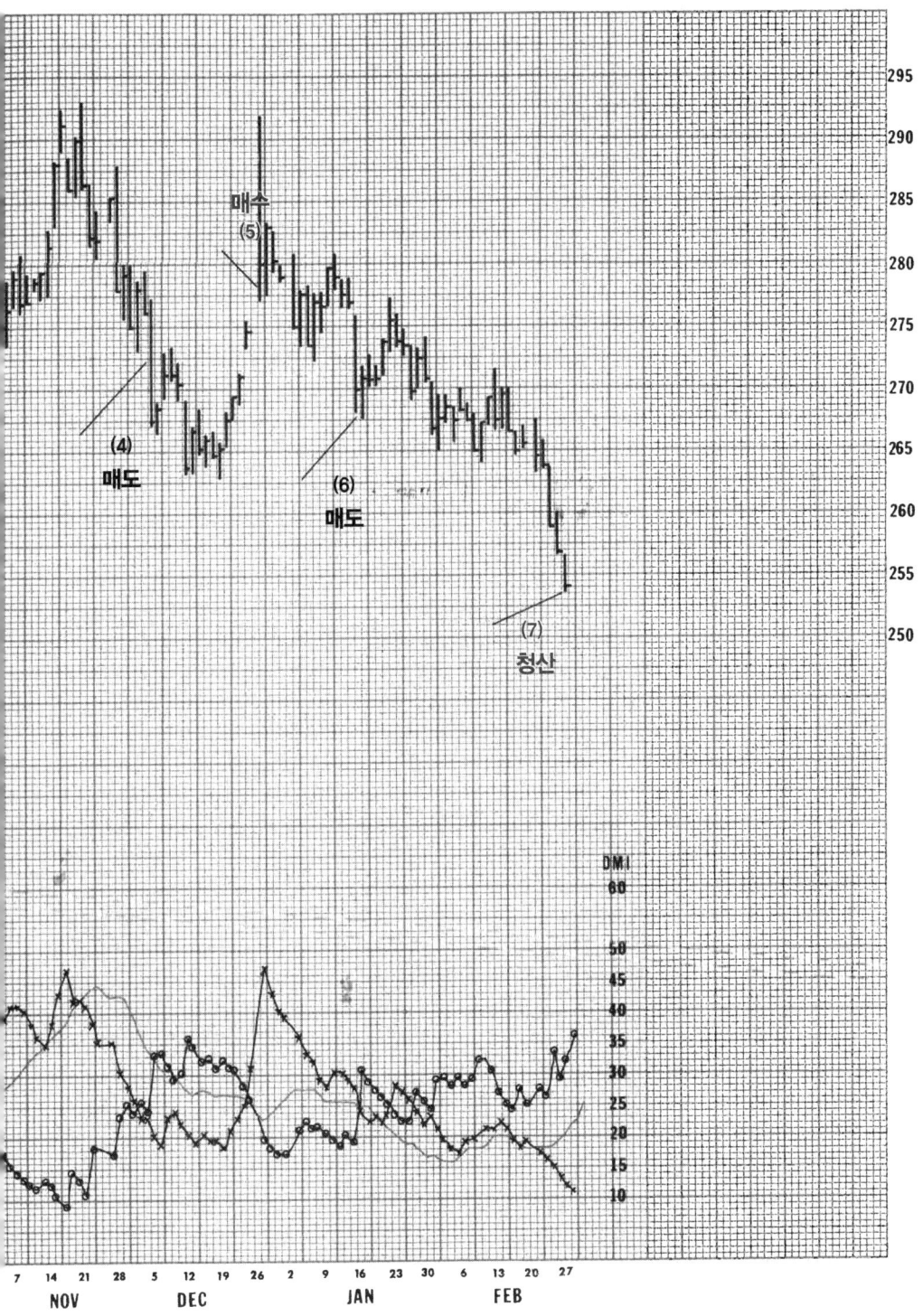

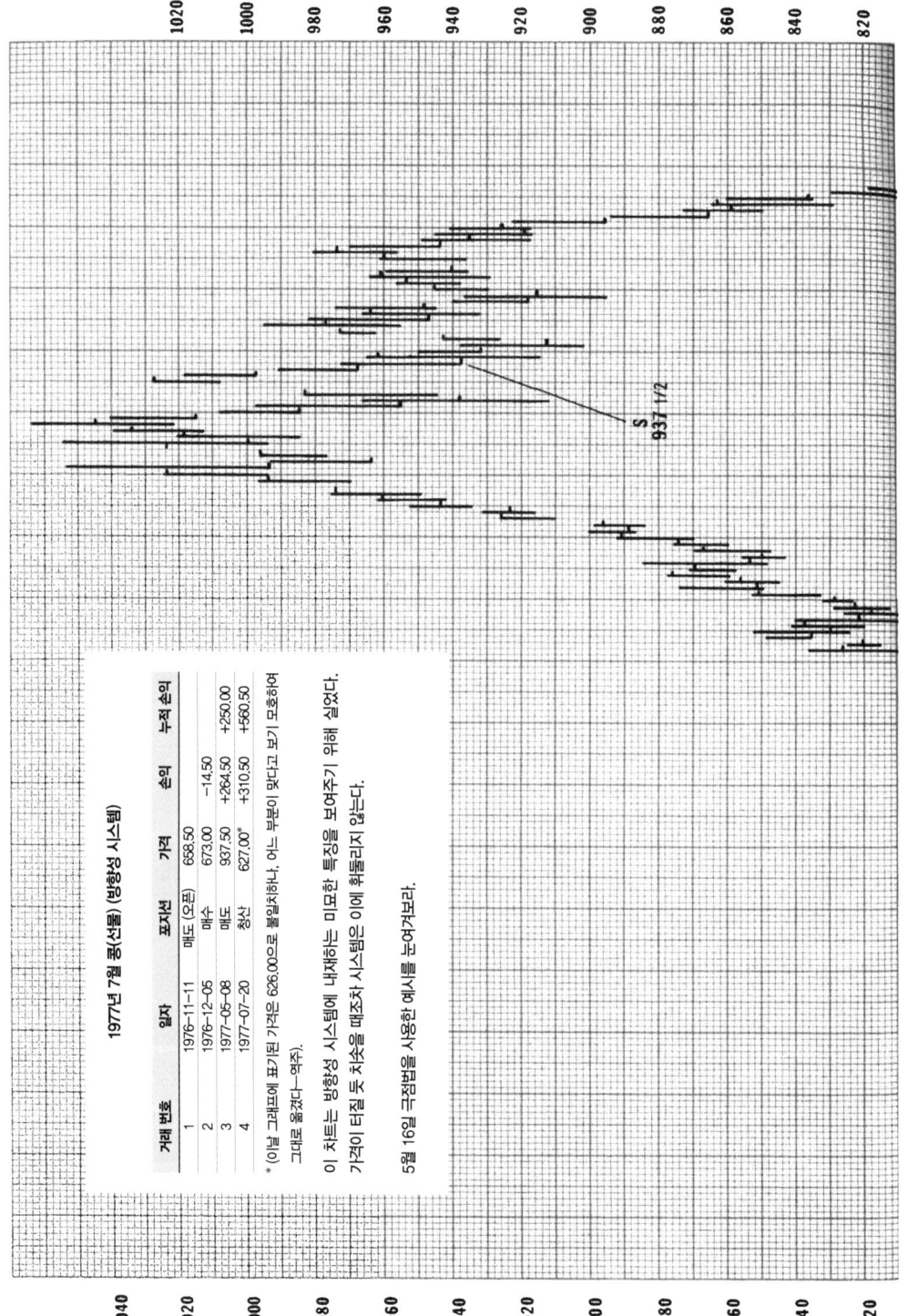

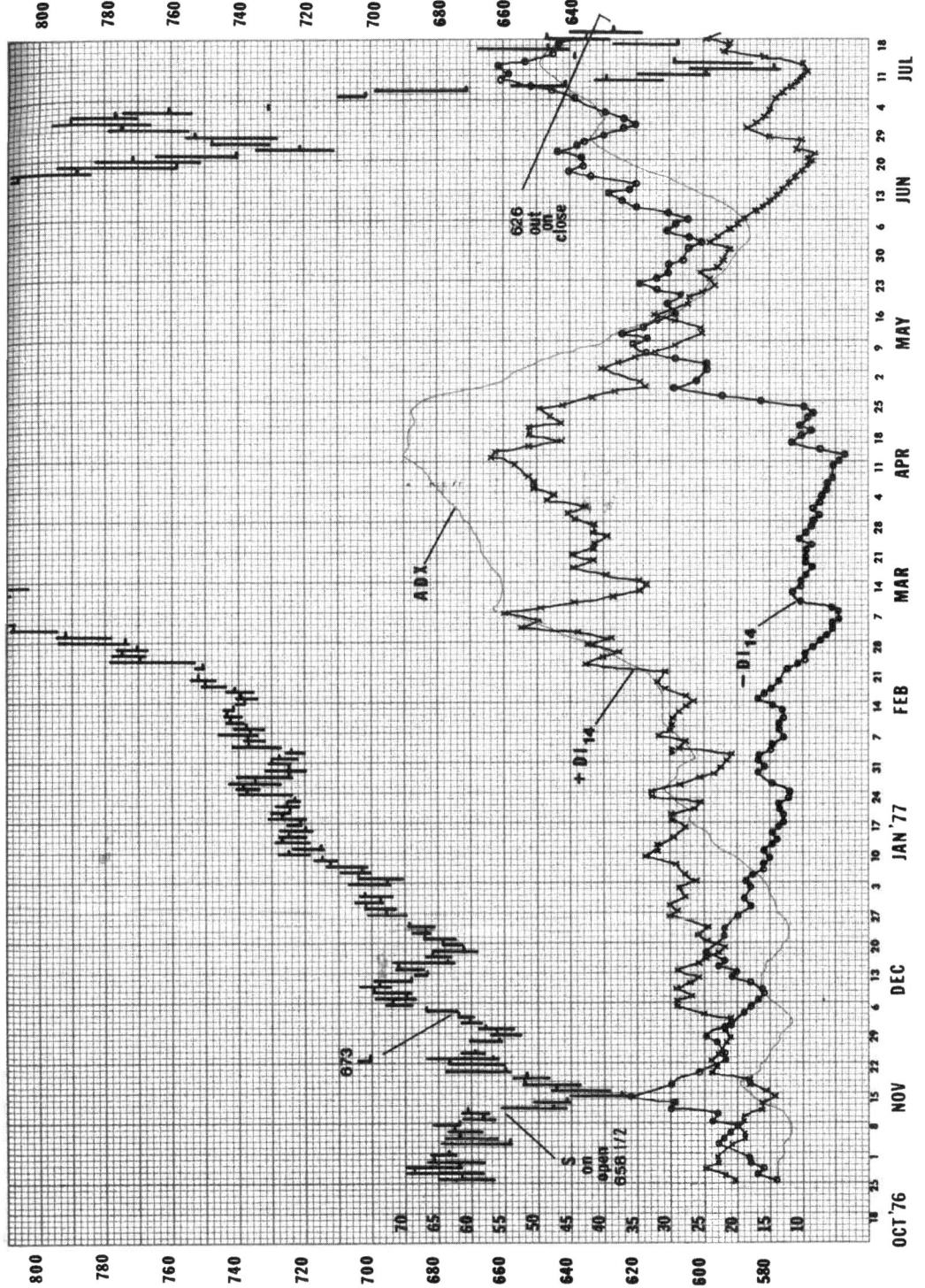

PART 4 방향성

PART 5

모멘텀

모멘텀은 트레이딩에서 가장 유용한 개념인 동시에 가장 이해하기 어려운 개념이기도 하다. 모멘텀은 가속Acceleration과 감속Deceleration이라는 개념으로 표현할 수 있다.

 이와 관련된 논의에서 상향 모멘텀(가속)은 '플러스'로, 하향 모멘텀(감속)은 '마이너스'로 여길 것이다. 모멘텀을 설명하는 예제를 살펴보자.

 돼지고기(선물)가 5일 연속 전일 종가보다 1센트 높은 가격에 마감했다고 가정해 보자. 가속은 0이다. 반대로, 돼지고기 종가가 5일 연속 전일 종가에 비해 1센트 낮은 가격에 마감했다고 하더라도 마찬가지로 감속은 0이다. 이제 다시 돼지고기가 5일 연속 전일 종가에 비해 1센트 높은 가격에 마감했다는 예시로 돌아가 보자.

 모멘텀 지수Momentum Factor, MF가 0을 **넘기려면** 가격이 1센트**보디 많이** 증가해야 한다. 그러면 이제 6일째 되는 날 가격이 전일 종가에 비해 1.5센트 증가한 수준에서 마감했다고 해 보자. 6일 차의 모멘텀 지수는 플러스가 되며, 이는 가속을 의미한다. 7일째에도 모멘텀이 양의 값을 가지려면, 이날의 종가는 **전일 종가보다 1.5센트 이상** 증가해야 한다. 7일 차 종가가 전일 종가에 비해 정확히 1.5센트 상승한다면, 모멘텀 지수는 다시 0이 될 것이다. 다음 날 돼지고기 가격이 전일 종가에 비해 1.25센트만 증가한 수준에서 마감했다고 가정해 보자. 그러면 우리는 감속, 즉 마이너스 모멘텀 지수를 갖게 된다.

그림 5.1에서 그래프 위에 놓인 각각의 점들은 주식 또는 상품의 종가를 의미한다. 1일 차부터 9일 차까지 종가는 전일 종가에 비해 높을 뿐만 아니라, **증가 폭도** 계속 증가하고 있다. 이에 따라 1일 차부터 9일 차까지 가격은 가속하고 있으며, 플러스 모멘텀 지수를 보인다. 10일 차부터 12일 차까지는 가속도, 감속도 없다. 그래프가 직선 형태를 보이기 때문이다. 그동안 가격은 정확히 같은 양만큼 상승하며, 9일 차부터 12일 차까지 모멘텀 지수는 0이 된다.

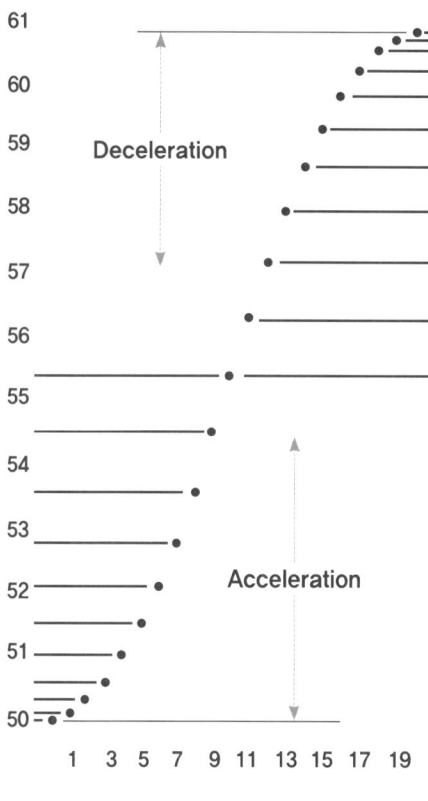

[그림 5.1]

13일 차부터 20일 차까지, 가격은 전일 종가에 비해 상승 마감하였다. 그러나 각각의 종가는 전일 종가에 점점 가까워지고 있다. 가격이 감속하기 시작한 것이다. 따라서 모멘텀 지수는 마이너스다.

추세 균형점 시스템
Trend Balance Point System

여기에 제시된 모멘텀 시스템은 이러한 개념을 가장 독창적으로 활용한다. 이 시스템은 액션 취하기를 좋아하는 (적극적인) 트레이더들과 브로커들을 만족시킬 것이다. 보통은 일주일에 세 번에서 다섯 번 거래를 실행한다. 적지만 일관된 수익을 취한다는 점에서 다른 트레이딩 시스템에 비해 거래가 성공할 확률 또한 꽤 높다.

이 시스템을 통해 모멘텀 지수를 계산할 때는 오로지 종가만을 사용할 것이다. 이 시스템은 진정한 역전 시스템은 아니다. 목표지점에서 수익을 취하기 때문이다. 모멘텀 지수는 시장에서 매수할지 매도할지를 알려주는 지표다.

이제 이 모멘텀 지수가 어떻게 계산되는지를 살펴보자. **모멘텀 지수는 오늘의 종가와 2일 전 종가의 차이다.** 항상 오늘의 종가부터 확인한 뒤 **여기에서** 이틀 전 종가를 뺀다는 점을 명심해야 한다. 따라서 그 차이는 양의 값을 가질 수도, 음의 값을 가질 수도 있다.

일자	종가	모멘텀 지수(MF)
1	49.25	
2	49.75	
3	50.25	+1.00
4	50.75	+1.00
5	51.10	+0.85
6	50.75	0
7	51.00	−0.10
8	49.75	−1.00
9	49.25	−1.75
10	49.50	−0.25

이 예시에서 첫 번째 모멘텀 지수$_{MF}$는 50.25(3일 차)에서 49.25(1일 차)를 뺀 값이다. 두 번째 MF는 4일 차 가격에서 2일 차 가격을 빼서 계산한다. 세 번째는 5일 차에서 3일 차를 빼면 된다.

이제 7일 차를 보자. 51.10을 51.00에서 빼면 −0.10이 나온다. 작은 값에서 큰 값을 뺄 때마다 우리는 차감되는 숫자 앞에 붙는 부호를 사용한다. 9일 차에 49.25에서 51.00을 빼면 −1.75이다.

다음은 계산 예시를 그림으로 나타낸 것이다.

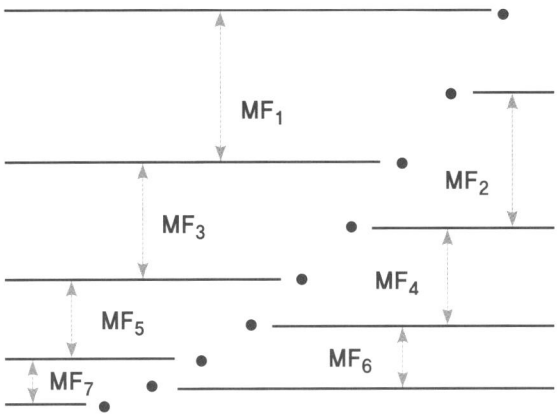

[그림 5.2] 가속

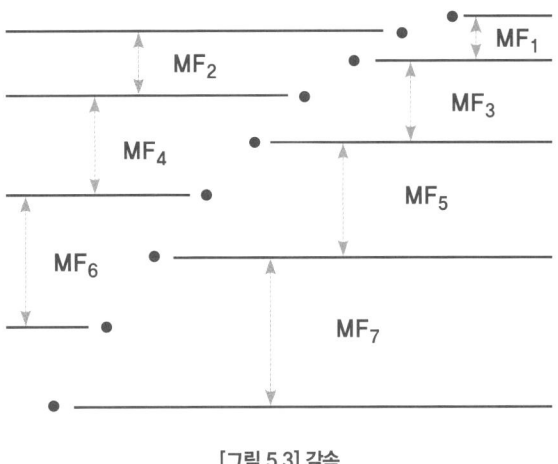

[그림 5.3] 감속

이제 일일 모멘텀 지수를 어떻게 계산하는지 알았으니, 이 시점에서 트레이딩 절차에 대한 전반적인 개념을 개괄적으로 서술하고, 이를 단계별로 살펴보고자 한다.

기본 절차

(1) 오늘의 모멘텀 지수가 지난 이틀 동안의 모멘텀 지수 **둘 중 하나**보다 높다면 오늘 종가에 *매수*하라.

(2) 오늘의 모멘텀 지수가 지난 이틀 동안의 모멘텀 지수 **둘 모두**보다 낮다면 오늘 종가에 *매도*하라.

(3) 목표지점에서 수익을 취하라. 포지션을 전환하지 말라.

(4) 정지점에서 청산하라. 포지션을 전환하지 말라.

(5) 목표지점이든 정지점이든 시장에서 **청산**한 뒤로는 가능하면 첫 번째 혹은 두 번째 단계의 종가보다 낮은 가격에 재진입하라.

이제 우리의 예시로 돌아가 보자.

일자	종가	모멘텀 지수(MF)	포지션	거래 가격
1	49.25			
2	49.75			
3	50.25	+1.00		
4	50.75	+1.00		
5	51.10	+0.85	매도	51.10
6	50.75	0		
7	51.00	−0.10		
8	49.75	−1.00		
9	49.25	−1.75		
10	49.50	−0.25	매수	49.50

5일 차의 MF 0.85가 지난 이틀 동안의 모멘텀 지수보다 낮았기 때문에 5일 차에 *매도*했다. 만약 5일 차의 MF가 이틀 중 **오직 하루**의 MF보다 낮았더라면, 우리는 신

호를 받지 못한 것이다. **반드시 이틀 동안 두 번 모두의 MF가 유효한 신호를 보내야만 한다.** *매도* 포지션을 취하고 나면, 어느 지점에서 수익을 취할지 그 목표지점을 계산한다. 하지만 목표지점을 계산하기 전에 진입점에 대한 논의를 계속해 보자.

5일 차로 돌아가 보자. 현재까지 논의된 내용을 쭉 따라왔다면, 예시를 보며 한 가지 의문이 생길 것이다. "모멘텀 지수를 결정하기 위해서 먼저 종가를 알아야 한다면, 시장에 진입할 때 어떻게 종가인 51.10에 매도하란 말이지?" 좋은 질문이다. 시장이 마감하기 전에, 심지어는 5일 차 개장 전에도, 1.00 미만의 모멘텀 지수를 달성하려면 가격이 정확히 얼마가 되어야 하는지를 결정할 수 있다는 게 내 답이다. 이야기는 자연스레 추세 균형점 Trend Balance Point 으로 연결된다.

5일 차의 모멘텀 지수를 얻기 위해 우리는 3일 차를 5일 차에서 차감할 예정이다. 따라서 5일 차의 종가인 51.25가 MF를 +1.00으로 만들 것을 상당히 빨리 알아챌 수 있다. 만일 종가가 51.25보다 작다면, MF는 +1.00보다 작을 것이다. 종가가 51.25보다 높다면, MF는 +1.00보다 높을 것이다. 종가가 정확히 51.25라면, 해당일의 MF는 +1.00일 것이다. 그러므로 51.25가 매우 중요한 지점이다. 이 지점을 추세 균형점$_{TBP}$이라고 부를 것이다. 현재 시장에서 *매수* 포지션을 취하고 있다면, TBP는 다음과 같이 정의된다.

- 포시션을 *매도*로 전환하기 위해서 종가가 해당 수준보다 **낮아야** 할 때 그 지점.

현재 시장에서 *매도* 포지션을 취하고 있다면, TBP는 다음과 같이 정의된다.

- 포지션을 *매수*로 전환하기 위해서 종가가 해당 수준보다 **높아야** 할 때 그 지점.

우리의 예시에 추세 균형점을 추가하면 다음과 같다.

일자	종가	모멘텀 지수 (MF)	추세균형점 (TBP)	포지션	거래 가격
1	49.25				
2	49.75				
3	50.25	+1.00			
4	50.75	+1.00			
5	51.10	+0.85	51.25	매도	51.10
6	50.75	0	51.75		
7	51.00	−0.10	51.95		
8	49.75	−1.00	50.75		
9	49.25	−1.75	50.90		
10	49.50	−0.25	48.75	매수	49.50
11			47.50		

5일 차의 TBP는 51.25였다. 그러므로 우리는 종가인 51.10에서 *매도* 포지션을 취한다. 5일 차의 장이 마감하자마자 우리는 다음 날의 TBP를 구할 수 있다. 문제는 다음 날 종가가 어느 정도 높아야 MF가 1.00보다 높지 않은 수준이 될지다. MF는 이전의 두 모멘텀 지수보다 높아야 하므로, 지난 이틀 동안의 모멘텀 지수 중 더 **높은 것을 고를 것이다.** 이 경우 이전의 두 모멘텀 지수는 +1.00과 +0.85이며, 둘 중 더 높은 값은 +1.00이다. 현재 우리는 매도 포지션이기 때문에, 둘 중 더 높은 MF를 선택한 뒤 4일 차 종가에 이 숫자를 더하면 된다. 그러면 6일 차에 사용할 TBP인 51.75를 얻게 된다. 6일 차가 되면, 이전의 모멘텀 지수 둘은 각각 +0.85와 0이다. 이 중 더 높은 숫자인 +0.85를 선택해 이 수치를 5일 차 종가에 더하면, 7일 차에 사용할 TBP는 51.95이다. 7일 차에 접어들어, 이전의 두 모멘텀 지수를 살펴보면 각각 0과 −0.10이다. **둘 중 더 큰 값은 0이다.** 따라서 6일 차 종가에 0을 더한 50.75가 8일 차에 사용할 TBP가 된다. 8일 차에 두 모멘텀 지수 중 더 높은 값은 −0.10이므로, 7일 차의 종가에 −0.10을 더한다. 그러면 9일 차에 사용할 TBP인 50.90을 얻게 된다.

양수에 음수를 더하는 것은 두 숫자 간의 **차이**를 구하는 것과 같다는 점을 명심하라.

이제 10일 차에 *매도* 거래의 목표지점에서 수익을 달성했다고 해 보자. 10일 차가 끝났을 때 어떻게 시장에 재진입할 것인가? *매수? 매도?* 이미 그날의 TBP를 48.75로 계산해 두었기 때문에, 종가가 48.75**보다 크면** *매수*할 것이고, 종가가 48.75 **이하**이면 *매도*할 것이다. (이전까지) 매도 포지션을 취하고 있었으므로, 종가가 48.75이면 포지션을 전환하지 않는다. 종가가 TBP와 같을 때면 언제나 거래 방향은 이전과 같을 것이다.

-0.25는 이전의 두 모멘텀 지수(-1.00, -1.75)보다 크다는 점에 유의해라. (음수를 이용해 연산하는 것이 처음엔 약간 혼란스러울 수 있지만, 다음과 같이 생각하면 편하다. -25°가 -100°나 -175°보다 기온이 높다.)

매수 포지션이 되었으므로, 추세 균형점을 구하기 위해서는 다음과 같이 물어야 한다. 이전의 두 모멘텀 지수보다 **낮은** MF를 얻기 위해서는 종가가 얼마여야 하는가? 이제 이전의 모멘텀 지수 둘 중 **작은** 값을 구한 뒤 그 숫자를 2일 전 종가에 더해 다음 날의 TBP를 구할 것이다.

11일 차에 이전의 두 모멘텀 지수는 -1.75와 -0.25이다. 둘 중 작은 값은 -1.75이다. 따라서 우리는 49.25에 -1.75를 더해 47.50이라는 TBP를 얻는다. 따라서 10일 차의 거래가 마감될 때 11일 차에는 종가가 47.50 미만으로 떨어지지 않는 한 *매수* 포지션을 유지할 것이라는 사실을 알고 있다. 그리고 11일 차 종가가 47.50 **미만**이 되면 *매도* 포지션으로 전환할 것이라는 사실도.

추세 균형점$_{TBP}$을 구하는 과정을 정리해 보자.

(1) **매수** 포지션에서 내일의 TBP를 구하려면, 이전의 모멘텀 지수 둘 중 **작은** 값을 구해 이 숫자를 어제의 종가에 더한다.
(2) **매도** 포지션에서 내일의 TBP를 구하려면, 이전의 모멘텀 지수 둘 중 **큰** 값을 구해 이를 어제의 종가에 더한다.
참고: 이전의 모멘텀 지수 둘이란, 오늘의 MF와 어제의 MF를 의미한다.

기억할 점은, 양수에 음수를 더할 때는 둘의 차이를 구한 뒤 더 큰 수의 부호를 붙이면 된다는 점이다. 예를 들어, 종가 49.25에 −1.75라는 MF를 더하면 그 결과는 47.50이 된다.

보호 정지점
Protective Stop

이제 우리는 시장에 언제 진입하고 청산할지를 안다. (이 시스템에서) 우리는 종가에 진입하기 때문에, 극단적인 움직임이 발생하는 상황이나, 가격이 안 좋은 방향으로 움직여 (손실) 한도에 가까워지는 상황에 대비한 보호 정지점이 필요하다. 이 정지점은 시스템의 기반이 되는 모멘텀 개념과도 연관되어야 한다.

이 시스템에서 정지점은 실제 범위$_{TR}$와 평균 가격$_{\bar{X}}$의 함수다. 정지점을 의미하는 산식은 $\bar{X} \pm TR$이다. 매수 포지션이라면 $\bar{X} - TR$이고, 매도 포지션이라면 $\bar{X} + TR$이다. $\bar{X}$는 고가, 저가, 종가의 단순 평균을 의미하며 고가, 저가, 종가를 모두 더해 3으로 나눈 값이다.

실제 범위는 다른 시스템에서 사용하는 1일 실제 범위와 동일하다. 짤막하게 설명하면, 다음 세 가지 중 가장 **큰 값**을 의미한다.

(1) 당일 고가부터 당일 저가까지의 거리
(2) 전일 종가부터 당일 고가까지의 거리
(3) 전일 종가부터 당일 저가까지의 거리

다음 예시를 살펴보자. 다음에 나타난 가격들은 최근 2일 동안의 가격이라고 가정한다.

	고가	저가	종가
1일 차	50.00	49.00	49.10
2일 차(오늘)	50.20	49.40	49.90

고가에서 저가 = 0.80
전일 종가에서 당일 고가 = 1.10
전일 종가에서 당일 저가 = 0.30
실제 범위 = 1.10

$\overline{X}$ = 50.20 + 49.40 + 49.90 = 149.50 ÷ 3 = 49.83

매수 포지션이라면, 정지점은 $\overline{X}$-TR이다.

49.83 - 1.10 = 48.73

매도 포지션이라면, 정지점은 $\overline{X}+TR$이다.

49.83 + 1.10 = 50.93

정지점은 최근의 고가, 저가, 종가를 활용해 장 마감 이후에 계산되며, 이렇게 계산된 정지점은 **다음 날**에 사용된다.

목표지점

이 시스템에서 목표지점은 평균 가격 $\overline{X}$와 당일 형성된 극단값의 함수다. *매수 포지션*이라면 목표지점을 나타내는 산식은 $2\overline{X}-L$이고, *매도 포지션*이라면 $2\overline{X}-H$이다. 다음 예시에서 최근 2일 동안의 가격이라고 가정한다.

	고가	저가	종가
1일 차	50.00	49.00	49.10
2일 차(오늘)	50.20	49.40	49.90

상기 예시에서, 우리 포지션이 *매수*라면, 3일 차 목표지점은 다음과 같이 계산된다.

$\overline{X} = 49.83$

$T = 2\overline{X} - L$

$\quad = 2 \times 49.83 - 49.40$

$\quad = 99.66 - 49.40$

$\quad = 50.26$

우리 포지션이 *매도*라면, 3일 차 목표지점은 다음과 같이 계산된다.

$$T = 2\overline{X} - H$$
$$= 2 \times 49.83 - 50.20$$
$$= 99.66 - 50.20$$
$$= 49.46$$

목표지점은 최근의 고가, 저가 그리고 종가를 활용해 장 마감 이후에 계산되며, 이렇게 계산된 목표지점은 **다음 날**에 사용된다.

계산된 목표지점, 정지점 그리고 추세 균형점은 항상 워크시트에서 다음 날 행에 기재한다. 이는 모두 다음 날에 적용할 수치기 때문이다.

요약하면, 진입은 오직 모멘텀 지수에 따라 종가에서만 이루어진다. 포지션 청산은 목표지점에서 하지만, 포지션을 전환하지는 않는다. 포지션 청산이 목표지점에서 장중에 이루어지면, 해당 포지션은 추세 균형점이 나타내는 바에 따라 종가에 재개된다. TBP는 장 마감 시 **현재 포지션**을 유지해야 하는지 아니면 포지션을 전환해야 하는지를 판가름하는 역할도 수행한다. 정지점에 의해 포지션을 장중에 멈추게 될 경우, 해당 정지점에서 포지션 전환이 있어서는 안 된다. 포지션은 추세 균형점에 따라 종가에 재개된다.

정의 – 추세 균형점 시스템

TR, 실제 범위: 다음 중 가장 큰 값
　(1) 당일 고가부터 당일 저가까지의 거리
　(2) 전일 종가부터 당일 고가까지의 거리
　(3) 전일 종가부터 당일 저가까지의 거리

MF, 모멘텀 지수: 오늘의 종가에서 2일 전 종가를 뺀 값

$\overline{X}$**: 오늘의 고가, 저가, 종가를 모두 합해 3으로 나눈 값**

TBP, 추세 균형점
　(1) 매수 포지션이라면, 매도 전환하기 위해 종가가 더 **낮아**져야 하는 기준값
　(2) 매도 포지션이라면, 매수 전환하기 위해 종가가 더 **높아**져야 하는 기준값

정지점(전환점 아님)
　(1) 매수 포지션이라면, 정지점은 $\overline{X}-TR$이다.
　(2) 매도 포지션이라면, 정지점은 $\overline{X}+TR$이다.

목표지점(오직 청산만 할 것, 전환점 아님)
　(1) 매수 포지션이라면, 목표지점은 $2\overline{X}-L$이다.

(2) 매도 포지션이라면, 목표지점은 $2\overline{X}-H$이다.

규칙 – 추세 균형점 시스템

최초 진입
(1) 종가가 추세 균형점보다 **높을** 때 **종가**에 *매수* 진입
(2) 종가가 추세 균형점보다 **낮을** 때 **종가**에 *매도* 진입

(포지션) 전환 진입(목표지점이나 정지점이 아닐 때)
(1) 종가가 추세 균형점보다 **높을** 때 **종가**에 *매도* 포지션에서 *매수* 포지션으로 전환
(2) 종가가 추세 균형점보다 **낮을** 때 **종가**에 *매수* 포지션에서 *매도* 포지션으로 전환

청산
(1) 목표지점에서 청산하되, 포지션 전환 금지
(2) 정지점에서 청산하되, 포지션 전환 금지

재진입
(1) 정지점이나 목표지점에서 청산한 이후에는 추세 균형점이 가리키는 바대로 종가에 재진입

내일 사용할 추세 균형점의 정의

(1) *매수* 포지션이라면, 이전의 두 모멘텀 지수 중 **낮은** 값을 선택해 해당 수치를 어제의 종가에 더한다.

(2) *매도* 포지션이라면, 이전의 두 모멘텀 지수 중 **높은** 값을 선택해 해당 수치를 어제의 종가에 더한다.

이 시스템을 이용해 거래하는 또 다른 방법은 전날 종가가 아닌, 다음 날 **시가**에 포지션을 재개하는 것이다. 전반적으로 결과가 더 좋은 건 종가에 포지션을 재개하는 것이지만 일부 트레이더들은 오버나이트 포지션Overnight Position의 위험을 줄이고 싶을지도 모르고, 시가에 포지션을 재개하면 일일 거래 수수료를 줄일 수도 있다. 만약 이 선택지가 좀 더 안정적이라고 생각한다면, 당신의 투자 성향에 맞게 시스템을 조정하는 것도 당연히 가능하다. 당신이 거래하는 특정 상품에 대한 중요한 FDA나 다른 주요 보고가 있는 날에는 이 옵션을 강력히 추천하는 바다.

이제 이 시스템의 몇 가지 특이한 점을 빠르게 살펴보도록 하자. 정지점과 비교할 때 목표지점은 비교적 시장 가격에 근접한다. 이는 시스템 대부분이 시장 가격과 가까운 정지점 또는 시장 가격에서 먼 목표지점을 가지고 있는 것과는 대조적이다. 이러한 개념은 아마도 당신이 습득해 온 모든 내용에 반하는 개념일 것이다. 그러나 곰곰이 생각해 보면, 이 개념은 매우 흥미롭게 다가올 것이다. 먼저, 모멘텀 지수는 트레이더가 시장에서 모멘텀과 같은 방향을 유지하도록 만든다. 따라서 당신은 거래 방향에서 확실히 우위를 점할 수 있다. 그러니 트레이더 입장에서는 멀리 떨어진 정지점보다 상대적으로 가까운 목표지점에 먼저 도달할 가능성이 더 높은 셈이다. 추세 균형점은 정지점의 역할도 함께 수행한다. 거래가 당신에게 유리한 방향으로 진행되지 않을 경우, 대개는 정지점에 도달하기 한참 전에 TBP가 포지션 전환을 암시하고, 이에 따라 종가에 포지션을 전환하게 된다. 트레이더들 대다수는 지나치게 가까운 정지점을 사용하는 바람에 계속해서 거래를 멈춰야 하는 실망감을 경험해 봤을 것이다. 이를 통해 이 작은 손실들이 쌓이면 어쩌다가 한 번 있는 큰 이익을 갉아 먹는다는 사실을, 가끔은 쌓인 손실들이 이익을 넘어서기도 한다는 사실을 깨닫는다. 이 시스템을 사용한 거래의 70~80%가 수익성을 보인다는 사실은 어떻게 보면 놀라운 사실이 아니다.

어떤 트레이더들은 행동에 옮겨야 한다는 강박 때문에 좋은 시스템을 계속 이용하거나 따르지 못한다. 돈을 벌어야겠다는 생각보다 대개의 상황에서 옳은 결정을 내려야 한다는 생각이 더 강한 트레이더들도 있다. 그러니까 당신이 만약 장기적인 관점에서 돈 버는 방법을 알고, 그 방법을 통한 성공이 보장된다면, 그것을 고수해도 좋다. 그러나 뭔가 행동에 옮기기를 원하면서도 모든 거래에서 큰 이익을 얻고자 하지 않는다면 이 소규모 시스템은 여러 가지 면에서 유익할 수 있다.

(이 시스템을 이용하는) 트레이더는 얼마나 많은 사람이 이 시스템을 통해 거래하는지를 지나치게 걱정하지 않아도 된다. 대개 (시장) 가격은 목표지점에 도달할 것이다. 이 부근에서 대규모 주문이 발생하고 시장 가격이 정지점에 도달하면, 가격이 미끄러지는 것은 트레이더에게 유리하게 작용한다.

시장에는 '종가에서만' 시행되는 주문이 항상 많으므로 여기에 주문 몇 개를 더한다고 해도 상대적으로 큰 차이가 발생하지 않는다.

시장가가 정지점에 이르는 경우는 거의 없다. 그러나, 다수의 거래 정지 주문이 특정 가격에 몰리지 않도록 하려면, 실제 범위에 0.90과 1.00 사이의 상수를 곱한 값을 정지점을 계산할 때의 새로운 실제 범위로 사용할 수 있다.

다음 페이지에는 1978년 3월 합판(선물 시장)이 이 시스템에 대한 워크시트 예제로 첨부되어 있다.

워크시트 예제

77년 8월 19일   종가가 217.20인 TBP보다 낮으므로 종가인 210.80에 *매도*한다.

77년 8월 22일   (가격이) 목표지점인 208.54에 이르지 않았고, 종가는 TBP인 214.50보다 여전히 낮은 상태이므로 포지션을 유지한다.

77년 8월 23일   목표지점인 208.00에서 수익을 실현하고, 종가가 TBP인 209.80보다 낮으므로 종가에 *매도* 포지션으로 재진입한다.

77년 8월 24일   목표지점인 200.50에서 수익을 실현하고, 여전히 종가가 TBP보다 낮으므로 종가에 *매도* 포지션으로 재진입한다.

77년 8월 25일   목표지점인 197.86(197.80)에서 수익을 실현한다. 종가 196.30이 TBP보다 높기 때문에, 종가에 *매수* 진입한다.

77년 8월 26일   목표지점인 200.86(200.90)에서 수익을 실현하고, 종가가 TBP보다 높으므로 종가에 *매수* 포지션으로 재진입한다.

77년 8월 29일   목표지점인 202.66(202.70)에서 수익을 실현하고, 다시 종가에 *매수* 포지션으로 재진입한다. 슬슬 지겨울 테니 이제 손실 거래로 넘어가 보자.

77년 9월 1일   종가가 TBP보다 낮으므로 종가인 202.30에 *매도* 진입한다.

77년 9월 2일   가격이 목표지점에도, 정지점에도 이르지 않았다. 종가는 TBP보다 낮으므로, *매도* 포지션을 유지한다.

77년 9월 6일   또 한 번 가격은 목표지점에도, 정지점에도 이르지 않았다. 그러나 종가가 TBP 위에 있으므로, 종가인 205.50에 *매수* 전환한다.

77년 9월 7일   가격이 목표지점인 206.67(206.70)에 도달하였기 때문에 수익을 실현할 때다. 그리고 종가인 208.50에 *매수* 포지션으로 재진입한다.

일일 워크시트

추세 균형점 시스템

상품명: 합판 / 계약 월: 1978년 3월

일자	시가	고가	저가	종가	MF	TR	$\bar{X}$	TBP
77년 8월 15일 M	206.50	207.80	206.20	206.80				
16일	206.80	208.00	206.30	206.50		1.70		
17일	208.40	212.50	208.40	212.00	+5.20	6.00		
18일	211.00	212.50	210.00	210.50	+4.00	2.50	211.00	
19일	211.00	212.00	208.00	210.80	−1.20	4.00	210.27	217.20
22일 M	211.00	213.00	209.00	209.50	−1.00	4.00	210.50	214.50
23일	208.50	208.50	202.50	202.50	−8.30	7.00	204.50	209.80
24일	202.00	204.00	195.80	203.00	−6.50	8.20	200.93	208.50
25일	203.00	203.00	196.00	196.30	−6.20	7.00	198.43	196.00
26일	195.50	202.00	195.00	199.50	−3.50	7.00	198.83	196.50
29일 M	200.00	206.50	200.00	206.00	9.70	7.00	204.17	190.10
30일	206.00	209.00	206.00	208.80	9.30	3.00	207.93	196.00
31일	210.40	210.90	209.00	209.30	3.30	2.10	209.73	215.30
77년 9월 1일	209.30	209.30	202.30	202.30	−6.50	7.00	204.63	218.10
2일	201.50	205.40	201.30	205.20	−4.10	4.10	203.97	212.60
5일 M	휴일							
6일	206.50	207.00	205.00	205.50	3.20	2.00	205.83	198.20
7일	206.00	209.20	205.20	208.50	3.30	4.00	207.63	201.10
8일	209.50	211.00	206.50	206.70	1.20	4.50	208.07	208.70
9일	206.00	208.00	205.00	206.50	−2.00	3.00	206.50	211.80
12일 M	207.20	208.20	206.00	206.80	0.10	2.20	207.00	207.90
13일	206.50	206.50	201.50	201.50	−5.00	5.30	203.17	206.60
14일	201.50	204.20	200.50	203.00	−3.80	1.50	203.00	206.90
15일	203.00	203.30	200.80	203.20	1.70	2.50	202.43	197.70
16일	203.50	204.00	202.00	202.70	−0.30	2.00	202.90	199.20
19일 M	201.00	201.00	198.70	198.80	−4.40	4.00	199.50	202.90
20일	201.60	201.60	198.60	200.00	−2.70	3.00	200.07	202.40
21일	200.50	201.30	199.20	200.60	1.80	2.10	200.37	196.10
22일	200.00	200.00	198.50	198.90	−1.10	2.10	199.13	197.30
23일	199.50	201.80	196.50	201.50	0.90	5.30	199.93	199.50
26일 M	201.00	203.00	201.00	201.50	2.60	2.00	201.83	197.80
27일	201.80	206.00	201.00	206.00	4.50	5.00	204.33	202.40
28일	206.00	206.30	203.80	204.30	2.80	2.50	204.80	204.10
29일	204.10	205.30	203.00	205.20	−0.80	2.30	204.50	208.80
30일	205.50	206.30	203.60	203.80	−0.50	2.70	204.57	207.10
77년 10월 3일 M	205.30	209.50	205.20	209.00	3.80	5.70	207.90	204.70
4일	208.80	210.80	208.10	208.10	4.30	2.70	209.00	203.30
5일	208.50	209.90	208.50	209.50	0.50	1.80	209.30	212.80
6일	210.50	213.90	210.20	213.40	5.30	4.40	212.50	212.40
7일	213.00	213.20	209.60	211.40	1.90	3.80	211.40	210.00
10일 M	211.40	211.50	208.70	208.90	−4.50	2.80	209.70	215.30
11일	208.50	211.00	207.50	208.10	−3.30	3.50	208.87	213.30
12일	207.80	208.00	203.00	203.50	−5.40	5.10	204.83	205.60
13일	202.00	203.00	199.00	199.10	−9.00	4.50	200.37	204.80
14일	198.00	202.00	197.00	201.60				198.10

(9월 14일의 실제 범위TR와 −X의 경우, 원문에 나타난 대로 각각 1.50, 203.00으로 옮겨 적었다. 그러나 실제 계산해 볼 경우, 각각 3.70, 202.57이 나온다. 이 두 값을 적용하여 15일의 매도 정지점과 매도 목표지점을 계산하여야 원문과 일치하는 값을 얻을 수 있다—역주).
(10월 7일의 매수 정지점과 매수 목표지점은 원문에 나타난 대로 옮겨 적었다. 그러나 이전에 매도 포지션을 취하고 있기에 각각을 매도 정지점과 매도 목표지점으로 보는 것이 합당해 보인다—역주).

$\overline{X}-TR$	$2\overline{X}-L$	$\overline{X}+TR$	$2\overline{X}-H$	진입	청산	
매수 정지점	매수 목표지점	매도 정지점	매도 목표지점			
		213.50	209.50	매도 − 210.80		
		214.27	208.54	유지		
		214.50	208.00	매도 − 202.50	208.00	+2.80
		211.50	200.50	매도 − 203.00	200.50	+2.00
		209.13	197.86	매수 − 196.30	197.80	+5.20
191.43	200.86			매수 − 199.50	200.90	+4.60
191.83	202.66			매수 − 206.00	202.70	+3.20
197.17	208.34			매수 − 208.80	208.40	+2.40
204.93	209.86			매도 − 209.30	210.40	+1.60
		211.83	208.56	매도 − 202.30	208.50	+1.40
		211.63	199.96	유지		
		208.07	202.54	매수 − 205.50	205.50	−3.20
203.83	206.66			매수 − 208.50	206.70	+1.20
203.63	210.06			매도 − 206.70	210.10	+1.60
		212.57	205.14	매도 − 206.50	205.10	+1.60
		209.50	205.00	유지		
		209.20	205.80	매도 − 201.50	205.80	+0.70
		208.47	199.84	유지		
		206.27	200.90	매수 − 203.20	200.90	+0.60
199.93	204.04			매수 − 202.70	204.00	+0.80
200.90	203.80			매도 − 198.80	200.90	−1.80
		203.50	198.00	유지		
		203.07	198.54	매수 − 200.60	200.60	−1.80
198.27	201.54			유지		
197.03	199.76			매수 − 201.50	199.80	−0.80
194.63	203.36			유지		
199.83	202.66			매수 − 206.00	202.70	+1.20
199.33	207.66			유지		
202.30	205.80			매도 − 205.20	205.20	−0.80
		206.80	203.70	매도 − 203.80	203.70	+1.50
		207.27	202.84	매수 − 209.00	207.30	−3.50
202.20	210.60			매수 − 208.10	210.60	+1.60
206.30	209.90			매수 − 209.50	209.90	+1.80
211.10	208.70			매수 − 213.40	211.10	−1.60
208.10	214.80			유지		
207.60	213.20			매도 − 208.90	208.90	−4.50
		212.50	207.90	매도 − 208.10	207.90	+1.00
		212.37	206.74	매도 − 203.50	206.70	+1.40
		209.93	201.66	매수 − 199.10	201.60	+1.90
195.87	201.74	204.87	197.74		197.70	+1.40

PART 5 모멘텀

PART 6

상대강도지수

상대강도지수Relative Strength Index, RSI는 일일 막대 차트와 함께 표시된다면 차트 해석에 새로운 차원을 더해 줄 도구다. 해석에 필요한 요소들은 다음과 같다.

탑Tops과 바텀Bottoms은 RSI가 70이 넘거나 30 미만으로 떨어지는 경우다. RSI에 종종 그래픽으로 구현되는 차트는 막대 차트에서는 명확하지 않을 수 있다.
RSI 척도에서 70을 넘거나 30 미만인 실패 스윙Failure Swings(페일러 스윙이라고도 한다—역주)은 강력한 반전 신호다.
지지Support 및 저항Resistance은 대개 막대 차트에 나타나기 전, RSI에 분명하게 나타난다.
차트에서 RSI와 주가 움직임 간의 차이Divergence(주식시장에서 디버전스는 주가가 기술적 지표와 다른 방향으로 움직이는 현상을 일컫는 용어로 쓰인다—역주)는 시장의 추세 전환이 임박했음을 암시하는 강력한 신호다.

상대강도지수를 계산하기 위한 방정식을 이야기하기 전에, RSI의 기초가 되는 모멘텀의 개념을 간략하게 살펴보자.

모멘텀 오실레이터 Momentum Oscillator 의 개념

모멘텀 오실레이터는 기술 분석가들이 이용하는 아주 유용한 도구 중 하나로, 방향성을 갖고 움직이는 가격의 속도를 측정한다. 가격이 매우 급속도로 상승하면 어느 순간에는 과매수 상태로 여겨지고, 가격이 매우 급격하게 하락하면 어느 순간에는 과매도 상태로 여겨진다. 두 경우 모두 반전이 임박한 것이다. 모멘텀 오실레이터의 기울기는 그 움직임의 속도와 직접적으로 비례한다. 모멘텀 오실레이터가 위아래로 이동하는 거리는 운동량에 비례한다.

모멘텀 오실레이터는 2차원으로 그려진 차트에 선으로 표시된다. Y축_{세로축}은 해당 지표가 이동하는 크기나 거리를, X축_{가로축}은 시간을 나타낸다. 이렇게 그려지는 모멘텀 오실레이터는 시장의 반전 지점에서는 매우 급격한 움직임을 보이고, 시장이 방향성 있는 움직임을 지속할 때 그 속도가 느려지는 특징을 가지고 있다.

오실레이터를 계산할 때 종가를 이용한다고 가정하며, 가격이 종가에서 다음 종가로 매일 정확히 같은 간격으로 상승한다고 상상해 보자. 어느 지점이 되면 오실레이터는 평평해지다가 결국에는 수평이 될 것이다. 이 상황에서 가격이 안정되면 오실레이터는 하락하기 시작한다.

오늘의 가격에서 며칠 전 가격 'x'를 뺀 것으로 정의된 간단한 오실레이터를 이용하여 이 개념을 살펴보자. 이 예시에서 우리는 오늘의 가격에서 10일 전 가격을 뺀 것을 사용할 것이다. 오실레이터는 영 선_{Zero Line}에서 측정된다. 10일 전 가격이 오늘보다 높다면, 오실레이터는 음의 값을 가질 것이다. 반대로, 오늘의 가격이 10일 전 가격보다 높다면 오실레이터는 양의 값을 가질 것이다.

가격 움직임과 오실레이터 움직임의 상호 작용을 설명하는 가장 쉬운 방법은 가격이 직선으로 움직일 때 이를 기반으로 한 오실레이터의 값들을 표시해 보는 것이다.

그림 6.1에서, 종가가 48.50인 10일 차에서 시작해 보자. 10일 전인 1일 차의 가격은 50.75이다. 10일 오실레이터를 이용해, 오늘의 가격인 48.50에서 10일 전 가격인 50.75를 빼면 그 결과인 −2.25가 오실레이터값이다. 이 −2.25라는 오실레이터값은 영 선 아래쪽에 표시된다. 매일 같은 절차를 반복하면 오실레이터 곡선을 그릴 수 있다.

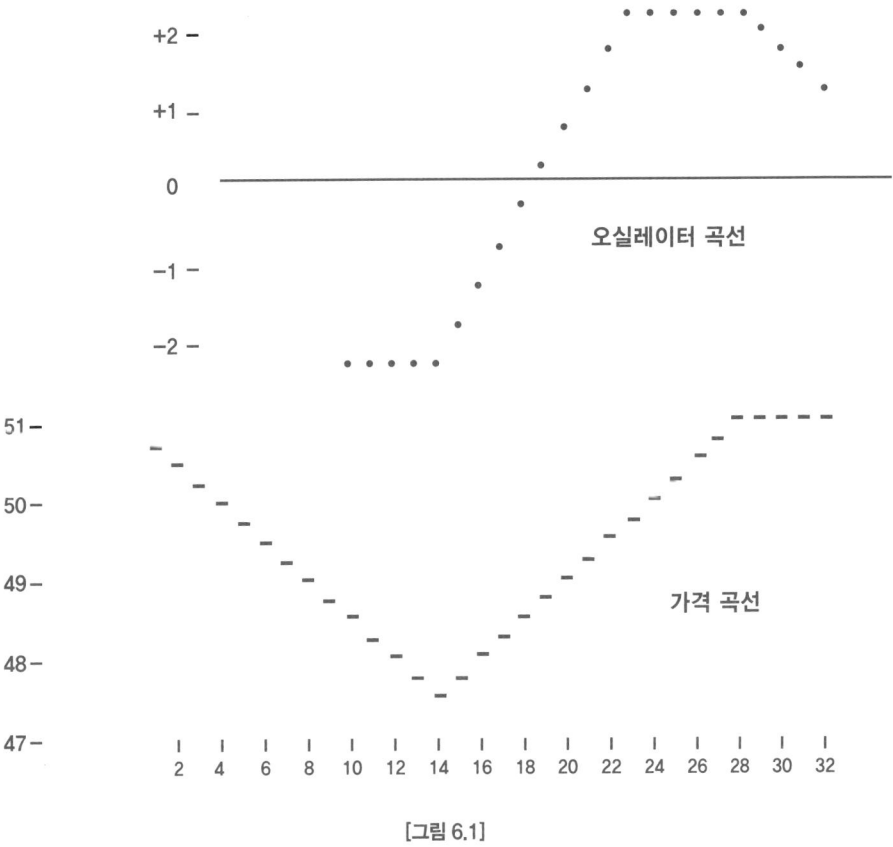

[그림 6.1]

이 가상의 상황에 대해 그려진 오실레이터 곡선은 매우 흥미롭다. 10일 차에서 14일 차까지 가격은 매일 같은 간격으로 떨어지는데, 이때 오실레이터 곡선은 수평선이다. 15일 차에 가격은 25포인트 상승하지만 오실레이터는 50포인트 상승한다. 오실레이터는 가격에 비해 두 배 빠르게 증가한다. 이런 수준으로 움직임을 계속하다가 23일 차가 되면 가격이 같은 속도로 계속 상승하고 있는데도 불구하고 오실레이터는 일정한 값을 갖게 된다.

29일 차에는 또 다른 흥미로운 일이 발생한다. 가격은 51.00 수준에서 일정하지만 오실레이터는 하락하기 시작한다. 가격이 계속해서 수평으로 움직인다면, 오실레이터는 계속해서 하락하다가 열흘 뒤에 오실레이터와 가격 모두 수평으로 움직이게 될 것이다.

오실레이터 곡선과 가격 곡선의 상호 작용에 주목하라. 오실레이터는 가격보다 앞선 움직임을 보인다. 그 이유는 사실상 오실레이터가 가격 변동의 비율을 측정하기 때문이다. 14일 차부터 23일 차까지 가격은 아래쪽에서 위쪽으로 상승하고 있으며, 오실레이터는 가격 변동률이 매우 빠르다는 것을 보여준다. 10일 전의 가격이 바닥을 형성하고 이후 상승했다면 (오실레이터의) 변동 속도는 더뎌진다. 왜냐하면 변화 정도는 한 방향으로만 측정되기 때문이다.

오실레이터에 내재된 특징을 잘 이해하는 트레이더들에게 그것은 탁월한 기술적 분석 도구가 될 수 있다. 그러나 의미 있는 오실레이터를 개발하려면 세 가지 문제에 봉착하게 된다.

첫 번째 문제는 일반적인 오실레이터 구성 내의 변덕스러운 움직임이다. 예를 들면, 10일 오실레이터를 이용하는 상황에서 10일 전 가격이 전일 대비 제한된 하락 움직임을 보였다고 가정하자. 오늘은 가격이 전일과 같은 수준에서 마감했다고 해 보자.

오늘의 가격에서 10일 전 가격을 빼면, 우리는 오늘의 오실레이터로 이상하리만치 큰 값을 얻게 될 것이다. 이 문제를 해결하기 위해서는 오실레이터를 계산할 때 사용되는 극단값을 완화할 방법이 필요하다.

오실레이터의 특징이 갖는 두 번째 문제는 Y축의 척도에 관한 것이다. 그러니까, 얼마나 높아야 높은 것이고, 얼마나 낮아야 낮은 것인가? 이러한 척도는 어떤 상품을 차트로 구성하느냐에 따라서도 차이가 발생한다. 이 문제를 해결하기 위해서는 오실레이터의 진폭을 의미 있게 만들 수 있도록 모든 상품에 적용할 만한 공통분모가 있어야 한다.

세 번째 문제는 막대한 양의 데이터를 관리해야 할 필요성이다. 이 문제는 다른 문제들에 비해서는 덜 중요하지만, 오실레이터 기법을 이용해 여러 가지 상품을 추적하는 트레이더들에게는 상당한 짐이 될 수 있다.

이 세 가지 문제는 상대강도지수로 불리는 지표로 모두 해결할 수 있다.

상대강도지수 방정식

상대강도지수$_{RSI}$를 구하는 방정식은 다음과 같다.

$$RSI = 100 - \left[\frac{100}{1 + RS}\right]$$

$$RS = \frac{14일\ 종가\ 상승\ 평균}{14일\ 종가\ 하락\ 평균}$$

상대강도지수$_{RSI}$를 처음 계산하기 위해서는 이전 14일 동안의 종가를 알아야 한다. 그 이후부터는 전일의 데이터만 있으면 된다. 최초의 RSI는 다음과 같이 구한다.

(1) 과거 14일 동안 종가의 상승분을 모두 합한 다음 이를 14로 나눈다. 이것이 종가 상승 **평균**이다.
(2) 과거 14일 동안 종가의 하락분을 모두 합한 다음 이를 14로 나눈다. 이것이 종가 하락 **평균**이다.
(3) 종가 상승 **평균**을 종가 하락 **평균**으로 나누면, 이 값이 상대강도$_{RS}$다.
(4) 이 RS에 1을 더한다.
(5) 위 (4)에서 구한 값을 100에서 나눈다.
(6) 위 (5)의 결괏값을 100에서 뺀다. 이것이 **최초** RSI다.

이 시점 이후부터는 오로지 이전의 종가 상승 **평균**과 이전의 종가 하락 **평균**만 있으면 다음 RSI를 구할 수 있다. 절차는 다음과 같다. 이 절차에는 (극단값을) 완화하는 방안들이 녹아들어 있다.

(1) 다음 종가 상승 평균을 구하는 방법
    이전의 종가 상승 평균에 13을 곱한 뒤 이 금액을 (해당한다면) 오늘의 종가 상승분에 더한다. 그 합계를 14로 나눈다.
(2) 다음 종가 하락 평균을 구하는 방법
    이전의 종가 하락 평균에 13을 곱한 뒤 이 금액을 (해당한다면) 오늘의 종가 하락분에 더한다. 그 합계를 14로 나눈다.
(3), (4), (5), (6)은 최초 RSI를 계산하는 방법과 동일하다.

RSI를 매일매일 관리하는 쉬운 방법은 그림 6.2에서 보는 것처럼 10열짜리 워크시트를 사용하는 것이다.

일일 워크시트
상대강도지수

상품명: _____ 계약 월: _____

(1) 일자	(2) 종가	(3) 상승 마감	(4) 하락 마감	(5) 상승 평균	(6) 하락 평균	(7) (5)÷(6)	(8) 1+(7)	(9) 100÷(8)	(10) 100−(9)
1	54.80								
2	56.80	2.00							
3	57.85	1.05							
4	59.85	2.00							
5	60.57	0.72							
6	61.10	0.53							
7	62.17	1.07							
8	60.60		1.57						
9	62.35	1.75							
10	62.15		0.20						
11	62.35	0.20							
12	61.45		0.90						
13	62.80	1.35							
14	61.37		1.43						
15	62.50	1.13(합계: 11.80)	(합계: 4.10)	0.84	0.29	2.90	3.90	25.64	74.36
16	62.57	0.07		0.79	0.27	2.93	3.93	25.45	74.55
17	60.80		1.77	0.73	0.38	1.92	2.92	34.25	65.75
18	59.37		1.43	0.68	0.46	1.48	2.48	40.32	59.68
19	60.35	0.98		0.70	0.43	1.63	2.63	38.02	61.98
20	62.35	2.00		0.79	0.40	1.98	2.98	33.56	66.44
21	62.17		0.18	0.73	0.38	1.92	2.92	34.25	65.75
22	62.55	0.38		0.71	0.35	2.03	3.03	33.00	67.00
23	64.55	2.00		0.80	0.32	2.50	3.50	28.57	71.43
24	64.37		0.18	0.74	0.31	2.39	3.39	29.50	70.50
25	65.30	0.93		0.75	0.29	2.59	3.59	27.86	72.14
26	64.42		0.88	0.70	0.33	2.12	3.12	32.05	67.95
27	62.90		1.52	0.65	0.42	1.55	2.55	39.22	60.78
28	61.60		1.30	0.60	0.48	1.25	2.25	44.44	55.56
29	62.05	0.45		0.59	0.45	1.31	2.31	43.29	56.71
30	60.05		2.00	0.55	0.56	0.98	1.98	50.51	49.49
31	59.70		0.35	0.51	0.55	0.93	1.93	51.81	48.19
32	60.90	1.20		0.56	0.51	1.10	2.10	47.62	52.38
33	60.25		0.65	0.52	0.52	1.00	2.00	50.00	50.00
34	58.27		1.98	0.48	0.62	0.77	1.77	56.50	43.50
35	58.70	0.43		0.48	0.58	0.83	1.83	54.64	45.36
36	57.72		0.98	0.45	0.61	0.74	1.74	57.47	42.53
37	58.10	0.38		0.45	0.57	0.79	1.79	55.87	44.13
38	58.20	0.10		0.43	0.53	0.81	1.81	55.25	44.75

[그림 6.2]

(1) 열: 일자.

(2) 열: 당일의 종가.

(3) 열: 전날 대비 종가 상승분.

(예를 들어, 2일 차에 가격은 1일 차에 비해 2.00 높게 마감하였다. (3) 열은 가격이 전날에 비해 높게 마감했을 때**만** 기입한다.)

(4) 열: 전날 대비 종가 하락분.

(예를 들어, 8일 차에 가격은 7일 차에 비해 1.57 낮게 마감하였다. (4) 열은 가격이 전날에 비해 낮게 마감했을 때**만** 기입한다.)

(5) 열: 종가 상승분의 평균.

(15일 차에 우리는 RSI 계산을 시작하는 데 필요한 정보들을 모두 얻었다. (3) 열의 값들을 모두 더한 값은 11.80인데, 우리는 이 값을 14로 나누어 14일 동안의 종가 상승 **평균**을 얻는다. 그렇게 얻어진 값 0.84를 (5) 열에 적어 넣는다.)

(6) 열: 종가 하락분의 평균.

((4) 열의 종가 하락분을 모두 더하면 4.10이 된다. 이 수치를 14로 나누면 종가 하락 **평균**을 얻을 수 있다. 이렇게 얻어진 값 0.29를 (6) 열에 적어 넣는다.)

(7) 열: (5) 열에 있는 값을 (6) 열에 있는 값으로 나눈 결과.

(0.84 ÷ 0.29 = 2.90)

(8) 열: (7) 열에 있는 값에 1을 더한 결과.

(2.90 + 1.00 = 3.90)

(9) 열: 100을 (8) 열에 있는 값으로 나눈 결과.

(100 ÷ 3.90 = 25.64)

(10) 열: 상대강도지수. 이는 100에서 (9) 열에 있는 값을 빼서 구할 수 있다.

(100 − 25.64 = 74.36)

16일 차 이후부터는 이전 14일 동안의 데이터를 걱정할 필요가 없다. RSI는 전일의 종가 상승 평균과 종가 하락 평균을 이용해 계산된다. 종가 상승 평균과 종가 하락 평균을 구하는 과정은 다음과 같다.

16일 차에, (5) 열에 있는 전일의 종가 상승 평균, 0.84에 13을 곱한다. 이 값에 당일의 종가 상승분[(3) 열에 있다)]을 더한 뒤, 그 합을 14로 나눈다.

0.84 × 13 = 10.92
10.92 + 0.07 = 10.99
10.99 ÷ 14 = 0.79

그 결괏값인 0.79는 **새로운** 종가 상승 평균이므로 이 값을 (5) 열에 적는다.

16일 차의 종가가 상승 마감하였으므로, 종가 하락 평균의 값은 (이전의) 14일 평균과 비교하면 필연적으로 **감소**하게 되어 있다. 그 과정은 동일하다. 먼저 (6) 열의 종가 하락 평균, 0.29에 13을 곱한다. 16일 차의 종가 하락분은 0이므로, 뒤에 더해질 금액은 없다. 이제 그 값을 14로 나눈다.

0.29 × 13 = 3.77
3.77 + 0 = 3.77
3.77 ÷ 14 = 0.27

(7) 열부터 (10) 열까지는 이전에 설명된 대로 채우면 된다.

이제 우리는 해당 일의 상대강도지수를 구하는 방법을 알게 되었다. 대다수의 오실레이터가 가지고 있는 세 가지 문제점의 관점에서 RSI가 특별한 점을 간략하게 논의해 보자.

(1) 평균값을 구하는 방법을 사용함으로써 잘못된 불규칙한 움직임이 제거된다. 그런데도 RSI는 가격 움직임에 충분히 반응한다. 종가 상승 평균이 증가하면, 자연스럽게 종가 하락 평균은 감소하고, 반대로 종가 상승 평균이 감소하면, 자연스럽게 종가 하락 평균은 증가하기 때문이다.

(2) '얼마나 높아야 높은 것이고, 얼마나 낮아야 낮은 것인지'의 문제는 RSI가 항상 0과 100 사이의 값을 갖는다는 것으로 답할 수 있다. 그러므로 다양한 상품들의 일일 모멘텀이 동일한 척도 위에서 계산되는 것이다. 이는 서로 다른 상품을 비교하는 것과 동일 상품 내의 과거 및 현재 RSI를 비교하는 것 모두를 가능하게 한다. 가장 활동적인 움직임을 보이는 상품들은 RSI가 수직으로(위쪽이나 아래쪽으로) 크게 움직이는 상품들이다.

(3) 관리해야 할 데이터가 산처럼 쌓이는 문제점도 해결된다. 최초 RSI를 계산한 이후에는 전일의 데이터만 가지고도 다음 계산을 진행할 수 있다.

이 지수에 대해 배우는 것은 차트를 읽는 법을 배우는 것과 상당히 유사하다. 트레이더가 차트 움직임과 RSI의 상호 작용에 관해 공부하면 할수록, RSI는 더 많은 것을 말해 줄 것이다. 적절하게 사용한다면, RSI는 차트 움직임을 해석하는 매우 유용한 도구가 될 수 있다. RSI 점들은 막대 차트 위에 매일 찍히는데, 이 점들을 연결하면 RSI 선이 된다.

이제 이 지수로 알 수 있는 다양한 사항을 살펴보겠다. 먼저, 지수 그 자체는 다음을 나타낸다.

(1) 탑$_{Tops}$과 바텀$_{Bottoms}$: 이는 지수가 70을 넘거나 30 미만인 상황을 일컫는다. 실제 시장 가격이 고점$_{top}$이나 저점$_{bottom}$에 도달하기 전에 지수는 보통 고점에서 유지되거나 저점

에서 유지된다. 이는 포지션 전환이나 아니면 적어도 중대한 반전이 임박했음을 시사한다.

(2) **차트 구현**Chart Formations: 이 지수는 동일한 내용의 막대 차트로는 명확하지 않던 것을 그래픽 차트로 구현할 것이다. 예를 들면, 이 지수에서는 헤드 앤드 숄더 톱이나 헤드 앤드 숄더 바텀, 페넌트pennant 패턴이나 트라이앵글 패턴이 종종 등장하는데, 이는 중지나 매수 또는 매도 포인트를 암시한다.

(3) **실패 스윙**Failure Swings: 70이 넘거나 30보다 낮은 실패 스윙은 시장의 반전을 암시하는 강력한 신호다. (그림 6.3 및 그림 6.4 참조)

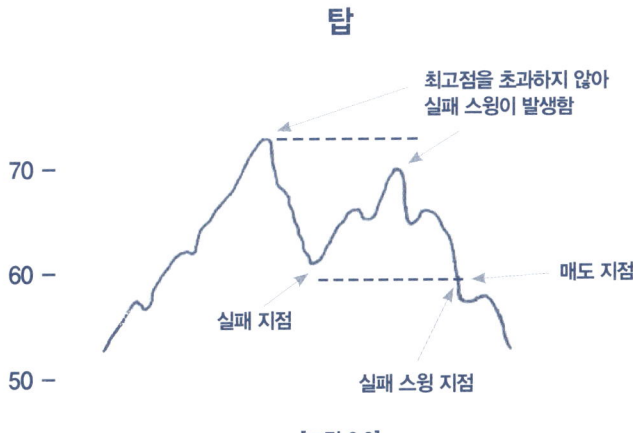

[그림 6.3]

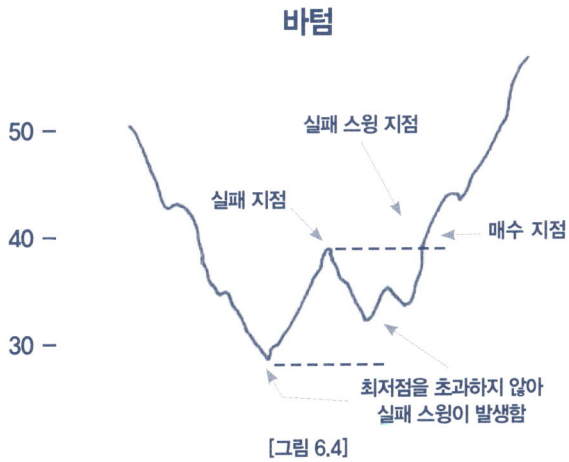

[그림 6.4]

다음으로, 이 지수는 막대 차트와 함께 사용될 때 다음과 같은 상호 작용을 정의한다.

(4) **지지**$_{Support}$ **및 저항**$_{Resistance}$: 지지 및 저항 구간은 막대 차트에서 명확해지기 이전에 이 지수에서 먼저 분명하게 나타나곤 한다. 사실, RSI의 점들을 이용한 지지선 및 저항선은 막대 차트의 점들을 이용해 그린 추세선과 유사하다.

(5) **디버전스**$_{Divergence}$: 가격의 움직임과 RSI 사이의 차이(디버전스)는 시장 반전을 알려주는 매우 강력한 지표다. 디버전스는 RSI가 증가하는데 가격 움직임이 보합세를 보이거나 감소하고 있을 때 발생한다. (그림에 나타난 6월 은$_{silver}$ 차트를 보면, 전환점마다 막대 차트와 RSI 간에 디버전스가 있음을 알 수 있다.)

이 RSI에 대한 다섯 가지 해석상의 요소들을 중심으로 1978년 6월 시카고 은$_{silver}$ 막대 차트를 분석해 보자.

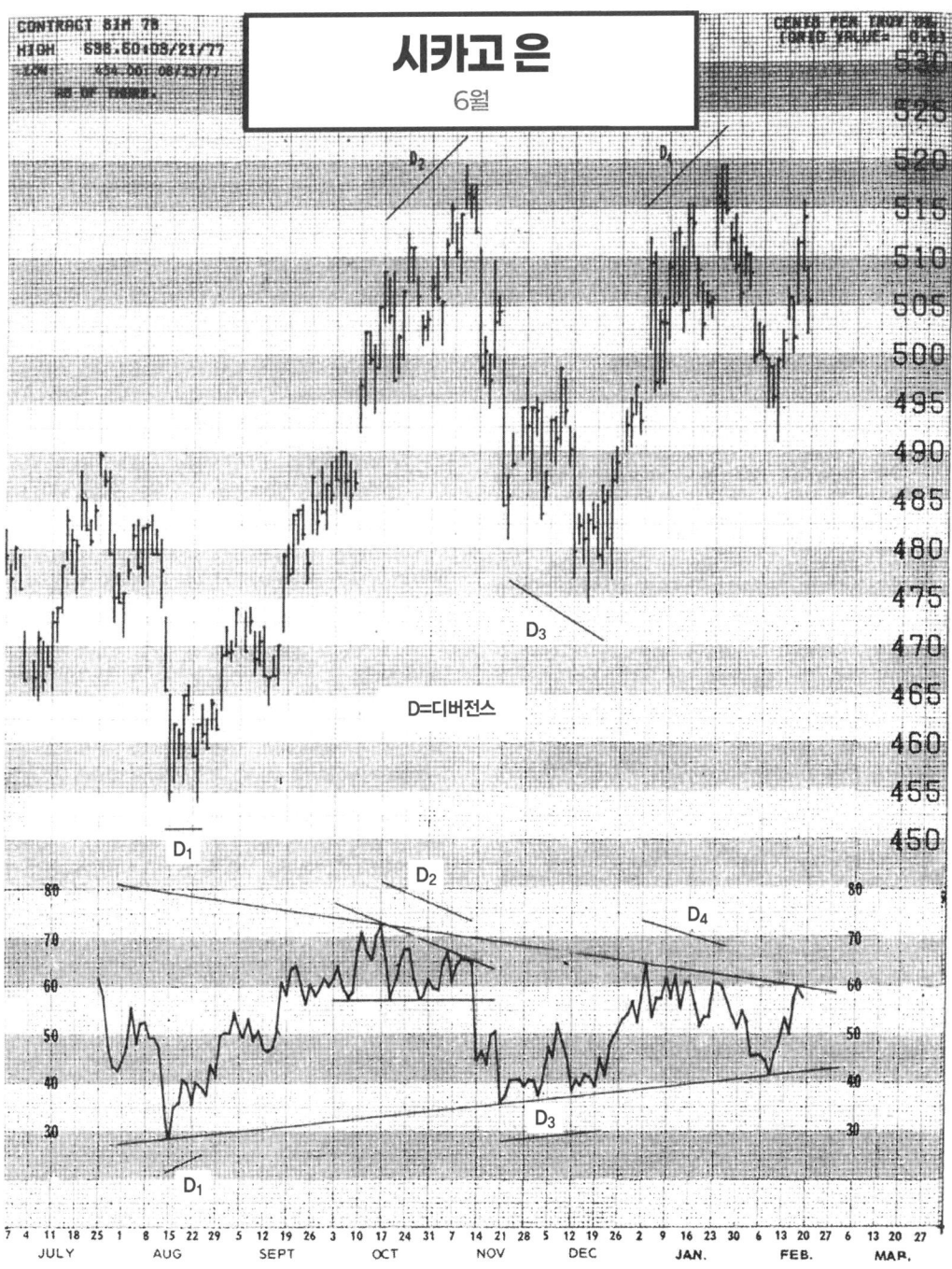

(1) 탑Tops과 바텀Bottoms: 8월 15일의 주요 저점에서는 30 미만의 RSI 수치가 동반되었다. 다음 며칠 동안, RSI와 가격 움직임 사이의 차이디버전스는 전환점을 암시했다(D₁). 11월 9일의 주요 고점 전에는 RSI 수치가 70이 넘었다. 1월 24일 발생한 고점 전에는 RSI 수치가 70을 넘지 않았다. 이는 이번 고점이 이전의 고점보다 덜 중요함을 시사한다. 아니면 더 높은 고점이 형성되고 있거나, 장기적인 상승 추세가 힘을 잃어 가고 있음을 시사한다.

(2) 차트 구현Chart Formations: 막대 차트에서는 눈에 띄지 않지만, 10월의 RSI 선에서 페넌트가 형성되었다. 이 삼각형이 깨진 것은 깨진 방향으로 중간 수준의 움직임을 암시한다. 수많은 지지점과 함께 RSI 선을 따라 장기적인 페넌트도 형성되어 있음을 알 수 있다. 이 삼각형이 크게 깨어지는 순간이 오면, 이는 다음번 장기 추세를 암시하는 것일 수 있다.

(3) 실패 스윙Failure Swings: RSI가 만들어 내는 실패 스윙은 RSI가 70대로 높거나 30대로 낮았던 이후에 가장 중요하다. RSI가 70에 도달하면, 58까지 즉각적인 하락 움직임이 발생한다. 메인 스윙의 고점과 저점을 관통하지 않는 한, 후에 오는 상승 움직임이 여러 개의 작은 스윙으로 구성되는 것은 드문 일이 아니다. 저점인 58을 관통한 다음 실패 스윙이 완성되었다. 8월 15일 자 저점에서 실패 스윙은 RSI 41까지 올라갔다. 몇 번의 작은 하락 움직임 이후, 이 지점은 8월 26일에 상승세로 돌파되었다.

(4) 지지Support 및 저항Resistance: 막대 차트의 추세선은 종종 RSI의 지지선으로 나타난다. 10월과 11월에 걸쳐 발생한 하락 움직임에 의해 만들어진 지지선이 차트에 그려진 추세선을 확인하는 데 사용될 수 있다는 점에 유의하라. 추세선을 누가 그리느냐에 따라 다르지만, 추세는 11월 4일에 돌파되었을 가능성이 있다. 그러나 이는 RSI에 의해 그려진 지지선에서는 확인되지 않는다.

(5) 디버전스Divergence: 비록 디버전스가 매 전환점에서 발생하지는 않지만, 대부분의 중요한 전환점에서는 발생한다. 상당한 방향성 움직임을 보인 이후에 디버전스가 나타나기 시작하면, 이는 전환점이 임박했음을 알려주는 매우 강력한 신호다. 디버전스는 상대강도지수의 가장 대표적인 특징이다. 11월 9일 형성된 고점은 70이 넘는 RSI 수치와 디버전스로 **조짐을 보였다**는 점을 기억해라. 이는 페넌트 모양을 뚫고, 지지선을 돌파한 실패

스윙으로 더 **분명해졌다.**

바 차트와 함께 상대강도지수를 사용하는 것은 차트 분석가들에게 새로운 해석의 장을 열어 줄 것이다. 단일 도구, 단일 방법, 단일 시스템이 항상 100%의 정답을 제공하는 것은 아니다. 성공적인 트레이더는 결정을 내리기에 앞서 다양한 종류의 정보를 활용한다. 대개 문제는 이 정보들을 자기에게 맞는 두세 가지로 추려내는 것에 있다. 이러한 맥락에서 볼 때, 상대강도지수는 의사결정 과정에 귀중한 정보를 제공할 수 있다.

PART 7

반응 추세 시스템

반응 추세 시스템Reaction Trend System은 그 이름에서도 알 수 있듯이, 반추세 시스템이면서 동시에 추세 추종 시스템이다. 이 시스템은 일반적으로 반응(반추세) 모드로 작동한다. 반응 모드에서는 약세에 매수하고 강세에 매도한다. 반추세 모드는 각 매수 지점과 대부분의 매도 지점에서 반전된다. 추세 추종 모드는 반전되지 않으며, 트레일링 스톱Trailing Stop에서 포지션을 청산한다.

　이 시스템은 많은 액션을 수반하며(평균적으로 2~3일마다 거래), 다른 시스템 대부분이 제대로 작동하지 않는 시장에서 잘 작동할 것이다. 방향성도 없고 혼잡스러운 움직임이 종종 발생하는, 갑자기 신고점이나 신저점으로 튀어버리는 몹시 짜증 나는 시장 말이다. 이러한 시장의 방향성 지수를 따져보면 상당히 낮은 쪽에 속할 것이다.

　한 가지 특징적인 것은 이 시스템이 방향성이 없는 시장에서 수익을 창출한다는 점이다. 그러나 시장이 갑작스럽게 방향성을 보이고 빠르게 움직이면, 추세 모드로 들어가서 추세를 타게 된다. 추세가 멈추면, 시스템은 반추세 모드 또는 반응 모드로 되돌아간다.

　트레이딩 규칙을 알아보기 전에, 가격 움직임 지점Price Action Point이 무엇을 기반으로 하는 개념인지 이해하기 위해 시스템의 기하학적 구조를 살펴보겠다. 매일의 고가, 저가, 종가는 다음 날의 가격 움직임 지점을 네 개 형성한다. 이 지점들은 오직 다음 날에만 적합하다. 네 개의 가격 움직임 지점은 모두 고가, 저가, 종가의 평균에 기반을 두고 있으며, 이를 $\overline{X}$라고 하겠다.

$$\overline{X} = \frac{고가(H) + 저가(L) + 종가(C)}{3}$$

네 개의 프라이스 액션 포인트란,

(1) B_1(매수 지점) $= 2\overline{X} - H$

(2) S_1(매도 지점) $= 2\overline{X} - L$

(3) $HBOP$(High Break Out Point, 고점 돌파 지점) $= 2\overline{X} - 2L + H$

(4) $LBOP$(Low Break Out Point, 저점 돌파 지점) $= 2\overline{X} - 2H + L$

그림 7.1은 이 지점들의 기하학적 구조를 도해하고 있다.
모든 지점은 D_1, D_2, D_3라는 세 개의 거리를 통해 만들어진다.

(1) D_1은 $\overline{X}$에서 당일 고가까지의 거리다. 매수 지점인 B_1은 D_1을 아래로 180° 원을 그려서 얻는다.

(2) D_2는 $\overline{X}$에서 당일 저가까지의 거리다. 매도 지점인 S_1은 D_2를 $\overline{X}$ 위로 180° 원을 그려서 얻는다.

(3) D_3는 당일 고가에서 저가까지의 거리다. 고점 돌파 지점인 HBOP는 $\overline{X}$ 위로 D_3+D_2만큼의 올라간 것이다.

(4) 저점 돌파 지점인 LBOP는 $\overline{X}$ 아래로 D_3+D_1만큼 내려간 것이다.

$\overline{X}$는 그림 7.1에 표시된 네 개의 가격 움직임 지점에 대한 방정식을 도출하기 위한 기준점이다.

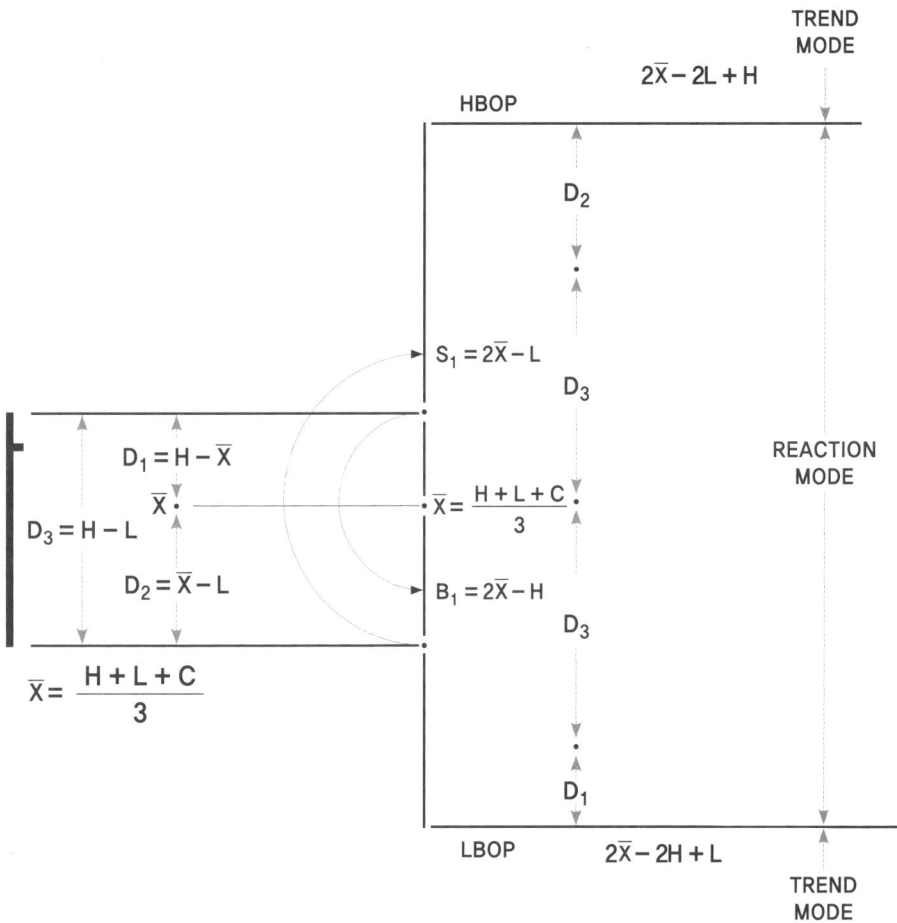

(1) $B_1 = \overline{X} - (H - \overline{X}) = 2\overline{X} - H$

(2) $S_1 - \overline{X} + (\overline{X} - L) = 2X - L$

(3) $HBOP = \overline{X} + [(H - L) + (\overline{X} - L)] = 2\overline{X} - 2L + H$

(4) $LBOP = \overline{X} - [(H - L) + (H - \overline{X})] = 2\overline{X} - 2H + L$

[그림 7.1]

언제 (어떤) 포지션을 취할지 논의하기 전에 네 가격 움직임 지점을 살펴보자. 앞서 반응 추세 시스템의 일반적인 모드는 반응 모드라는 점과 당일 생성된 네 가격 움직임 지점은 다음 날에만 유효하다는 사실도 언급했다. 다음 날 가격이 HBOP와 LBOP 영역 안쪽에 있다면 우리는 일반적인 반응 모드에 있는 것이다. 이 모드에서는 B_1에서 매수하고 S_1에서 매도한다.

다음 날 가격이 HBOP 또는 LBOP를 **넘어서는** 경우, 시스템은 자동으로 추세 모드로 전환된다. 한번 이 모드에 진입하고 나면, 정지점은 이전 2일 동안의 가격 중 더 멀리 있는 가격이 된다. (가격이 HBOP를 넘어가면, 트레일링 스톱은 지난 2일 동안 만들어진 저가 중 가장 낮은 저가가 된다. 가격이 LBOP를 넘어가면, 트레일링 스톱은 지난 2일 동안 만들어진 고가 중 가장 높은 고가가 된다.) 우리는 트레일링 스톱을 이용해 돌파 지점과 같은 방향에 있는 가격을 추적한다. 돌파 이후 트레일링 스톱이 발동되는 수준까지 가격이 움직이면, 해당 가격에서 시장을 벗어난다. 그런 다음 반응 모드로 돌아가서 또 다른 돌파가 발생하기 전까지 머무른다.

시스템은 무작위 가격 변동의 반복적인 특징에 기반을 두었다. 이는 3일은 상승하고 2일은 하락하는 현상을 말한다. 이 현상은 방향성이 없는 시장이나 늘어진 추세 시장에 널리 퍼져 있다. 왜 그러는지는 모르겠지만, 무작위 가격 변동은 하락보다는 상승하는 데 더 오래 걸린다. 대부분의 가격 변동에서 이런 현상이 나타나는 것으로 보인다. 그러니까, 상승에 비해 하락이 더 급격하고, 지속 시간도 짧다. 대개 좋은 방향성 움직임은 첫날 범위가 두드러지게 증가하면서 시작된다. 그러면 가격은 돌파 지점을 넘어서게 되고, 시스템은 추세 모드로 들어가 첫 반전이 있기 전까지(즉, 시스템이 다시 자동으로 반응 모드가 될 때까지) 추세를 따르게 된다.

이제 '언제' 시장에 진입하느냐의 문제를 다뤄 보자. 지난 2~3주 동안의 가격 움직

[그림 7.2]

임을 돌이켜 보고 **가장 현저하게 가격이 낮은** 지점을 선택한다. (그림 7.2 참조)

    그날 아래에 B라고 적는다.
    다음 날에는 O라고 적는다.
    그다음 날에는 S라고 적는다.

    그다음에 이어지는 날들도 모두 같은 순서인 "B", "O", "S", "B", "O", "S", "B", "O", "S"라고 적어 넣는다. (9일 연속 배열한다.) 오늘 자에 이르기까지 계속해서 모든 날을 이 순서내로 명명한다.

    만약 시장이 일반적인 하락 추세에 있다면, 지난 2~3주 중 **가장 현저하게 가격이 높은 지점**을 고른 뒤 그 고점에 "S"라고 적는다. 순서대로 다음 날은 "B"가 되고 그다음 날은 "O"가 되는 식이다.

    "B", "O", "S" 배열을 시작하는 또 다른 방법은 단계 조정Phasing Change 또는 (돌파 이후의) 확인$_{\text{Confirmation}}$이 될 수 있다. 이에 관해서는 추후 다시 설명할 예정이다.

다음은 반응 추세 시스템을 이용한 트레이딩의 **기본** 법칙이다.

반응 모드에서 트레이딩 하는 경우,

(1) *매수* 포지션은 "B"라고 쓰인 날에**만** 개시된다.

(2) *매도* 포지션은 "S"라고 쓰인 날에**만** 개시된다.

(3) 예외적으로 돌파 지점인 HBOP나 LBOP에 의해 시작된 포지션을 제외하고 "O"라고 쓰인 날에는 어떤 포지션도 개시되지 않는다.

(4) *매수* 포지션은 "O"라고 쓰인 날에 종료되거나 "S"라고 쓰인 날에 전환될 것이다.

(5) *매도* 포지션은 "B"라고 쓰인 날에 전환된다.

(6) B_1에서 시작된 포지션의 목표지점과 전환점은 항상 S_1이다.

(7) S_1에서 시작된 포지션의 목표지점과 전환점은 항상 B_1이다.

추세 모드에서 트레이딩 하는 경우,

(1) 돌파 지점인 HBOP와 LBOP는 반응 모드에서 현재 포지션의 **정지 및 전환점**이다. 이 둘은 새로운 포지션을 위한 **진입점**이기도 하다. HBOP나 LBOP에서 시작된 포지션은 어떤 포지션이든 발생 당일에 개시될 수 있다.

(2) 추세 모드에서 모든 포지션의 정지점은 항상 트레일링 스톱이며, 이는 전환점이 **아니다.**

이제 이 규칙들이 어떻게 적용되는지 살펴보자. 우리가 전일을 "B", "O", "S" 중 하나로 정했다고 가정하면, 이 시스템의 반응 모드로 거래할 준비가 된 것이다. 내일이 "O"라고 가정해 보자. "O"일에는 포지션을 개시할 수 없으므로 다음 날인 "S"일에 사용할 네 개의 가격 움직임 지점을 계산한다. 다음 날인 "S"일에는 오직 *매도* 거래만

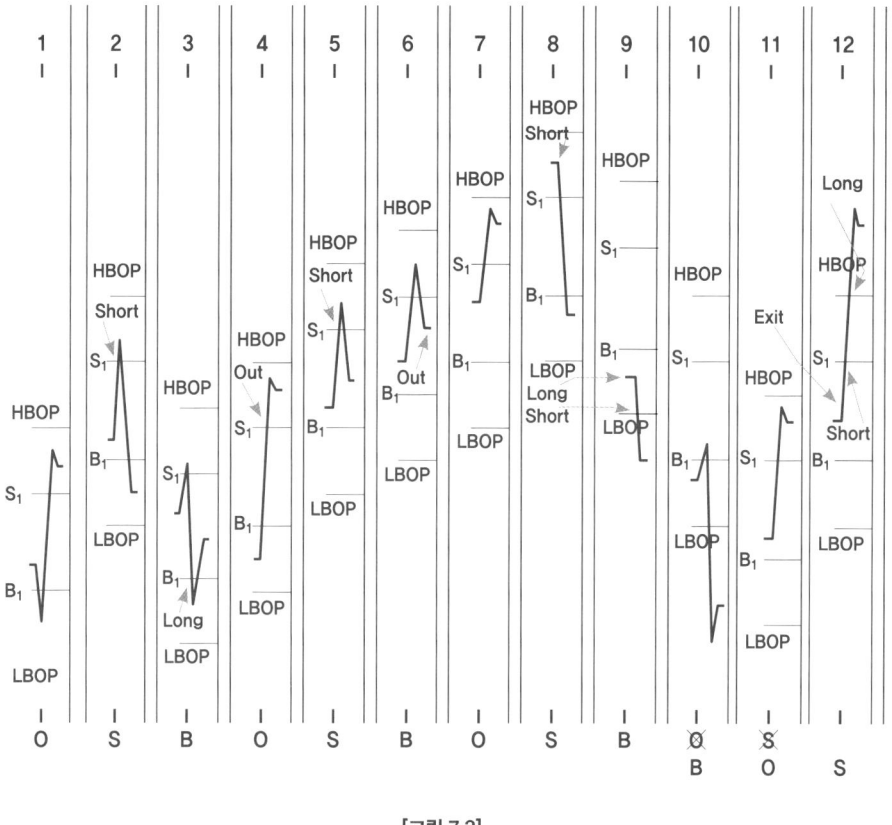

[그림 7.3]

할 수 있는데, 가격이 S_1이라는 매도 지점에 이르렀을 때**만** 가능하다. 가격이 S_1에 이르렀다고 가정하고 2일 차에 매도 포지션에 진입(그림 7.3 참조)했다고 하자.

2일 차에 가격이 하락해 목표지점인 B_1을 통과했다. 그러나 진입한 날에는 수익을 실현하지 않는다. 수익을 실현하고 B_1에서 포지션을 전환하기 위해 다음 날인 "B"일까지 기다릴 것이다.

3일 차는 "B"일인데, 가격이 하락해 매수 지점인 B_1까지 내려갔다. 매수는 "B"일에만 가능하므로 *매수* 포지션으로 전환한다.

4일 차에 가격은 계속 상승해서 S_1을 넘었다. S_1은 **"O"일에만 목표지점**이기 때문에, S_1에서 수익을 실현한다. 반응 모드에서는 "O"일에 포지션을 전환하거나 새로운 포지션을 시작할 수 없다.

5일 차는 "S"일이다. S_1에서 *매도*한다.

6일 차는 "B"일이며, 가격이 B_1을 지나지 못했다. 따라서 6일 차 **종가**에 포지션을 청산한다.

7일 차는 "O"일이므로 가격이 돌파 지점 중 하나를 지나지 않는 한 새로운 포지션을 시작할 수 없다. 가격이 돌파 지점 중 하나를 지난다면 포지션을 개시하고, 추세 모드를 가동해 트레일링 스톱을 이용하게 될 것이다. 이런 일은 발생하지 않았으므로, 반응 모드에서 거래를 계속한다.

8일 차는 "S"일이다. 가격이 S_1 **위에서** 시작되었으므로 시가에 *매도*한다. 가격은 곧바로 하락하여 B_1을 지나쳤고, 저가에 마감했다. 거래가 시작된 날에는 거래를 청산하지 않기 때문에(가격이 돌파 지점 중 하나를 지났을 때는 예외지만), 8일 차에는 매도 포지션에 머무른다.

9일 차 시가는 B_1보다 낮은 수준이다. 그러므로 이전의 *매도* 포지션을 전환하여 시가에 *매수*한다. 가격은 계속 하락해 LBOP를 지난다. 따라서 우리는 *매도*한다. 이제 우리는 추세 모드에 있으므로 이 매도 포지션은 트레일링 스톱까지 유지할 것이다.

돌파가 있는 날 우리는 이전 2일 동안의 고가 중 가장 높은 고가를 트레일링 스톱으로 활용한다. 장 마감 이후 당일의 고가와 전일의 고가를 비교한다. 둘 중 더 높은 값이 내일 사용될 트레일링 스톱이다.

10일 차와 11일 차에는 *매도* 포지션을 유지한다. 가격이 트레일링 스톱에 이르지 않았기 때문이다.

12일 차에는 가격이 반응했으므로 트레일링 스톱(11일 차에 만들어진 고가)에서 거래를 청산한다. **포지션을 전환하지는 않는다.** 이제 반응(반추세) 모드로 돌아간다.

(단계) 조정 기술
(추세 모드 **이후에만** 사용)

이번에 설명할 내용은 이 시스템에서 매우 중요한 부분에 해당한다. 조정 기술 Phasing Technique에 관한 내용으로, 규칙은 다음과 같다.

(1) (LBOP에 의해 시작된) *매도* 추세 모드에서는 저점에 도달한 날이 "B"일이다. 혹은,
(2) (HBOP에 의해 시작된) *매수* 추세 모드에서는 고점에 도달한 날이 "S"일이다.

매도 (포지션인) 추세 모드로 거래할 때 저점은 10일 차에 도달했다. 그러므로 (원래는 "O"였던) 10일 차가 "B"일로 다시 정의된다. 같은 배열을 유지하려면 11일 차는 "O"일로 정의되고, 그 뒤로도 쭉 이어진다.

또 다른 중요한 포인트가 있다. 11일 차에 가격이 계속해서 올라가 HBOP를 돌파했다고 가정해 보자. 이 경우, 우리는 HBOP에서 *매수* 포지션을 취하게 되고, 추세 모

드로 거래하게 된다. 11일 차의 트레일링 스톱은 10일 차의 저가가 될 것이다. **그러니까 반응 모드가 개시되지 않고 매도 추세 모드에서 곧바로 매수 추세 모드로 전환되는 것도 가능한 것이다.**

12일 차는 "S"일이다. S_1에서 *매도*한다. 그러나 가격은 우리 포지션과는 반대로 계속 상승해 HBOP를 돌파하였다. HBOP에서 *매수*로 포지션을 전환한다. 이제 추세 모드로 돌아가 트레일링 스톱을 이용해 상승 추세를 탈 것이다.

가격이 이틀 동안 추가로 계속 상승해(반응) 트레일링 스톱에서 청산했다고 해 보자. 그러면 우리는 다시 반응 모드로 돌아간다. 이 지점에서 반드시 우리의 단계 조정이 제대로 되었는지 확인해야 한다. 최고점에 도달한 날이 "S"일이 된다. 이전 단계에서도 "S"일이었다면 조정할 필요가 없지만, 이전 단계에서 "S"일이 **아니었다면**, 그날을 "S"일로 지정해야 한다. 그리고 다음 날들도 "B", "O", "S", "B", "O", "S"와 같은 배열로 조정해야 한다.

한 가지 중요한 사실이 더 있다. 추세 모드가 종료된 바로 그날 반응 모드가 개시될 수 있는가? (이론적으로는) '그렇다.' 단, (현실적으로는) 최고점 또는 최저점으로부터 최소 하루가 지나야 그날 반응 모드가 개시된다.

매도 추세 모드에서 거래가 종료되었다면, 최저점이 발생한 날은 "B"일이 되고, 다음 날은 "O"일이 된다. 이는 곧 반응 모드가 그다음 날인 "S"일까지 개시될 수 없음을 의미한다. 역으로, *매수* 추세 모드에서 거래가 종료되었다면, 최고점이 발생한 날은 "S"일이 되고 다음 날은 "B"일이 된다. 그러나 **"B"일에는 어떤 포지션도 시작될 수 없다. 왜냐하면 전날이 실제로 최고점이었는지는 장 마감 시점까지 알 수 없기 때문이다.**

시스템에 대한 기본적인 이해를 끝마쳤으므로, 모든 규칙을 정리할 예정이다. 이전에 언급한 내용을 토대로 이 규칙들을 연구하고, 절차들을 정리하고, 수리적인 부분들을 다룬 뒤 워크시트의 예제를 풀이해 볼 것이다.

반응 추세 규칙

일반 규칙

반응 모드로 거래를 시작하고, 가격이 돌파 지점인 HBOP나 LBOP를 지나는 날에 추세 모드로 전환한다. 트레일링 스톱에서 거래가 종료되기 전까지는 추세 모드에 머무른다. 트레일링 스톱에서는 **포지션을 전환하지 않는다.** 필요시 단계 조정을 수행하고, 반응 모드에서 거래를 재개한다.

반응 모드

단계 조정

(1) 처음 거래를 시작하기 전 2~3주 동안 **현저한 저점**을 찾는다. 이 저점이 발생한 날을 "B"일로 지정한다. 그날 뒤로는 다음 순서에 따라 지정한다. "O", "S", "B", "O", "S"······.

(2) 이전의 고점이 가장 두드러진다면, 그날을 "S"일로 지정하고 이후로는 "B", "O", "S" 등의 순서를 따른다. 단계 명명은 아래 (3)항의 규칙을 따를 수도 있다.

(3) 가격이 돌파 지점인 HBOP나 LBOP를 통과할 때마다, 필요시 다음에 따라 단계를 조정한다.

    (A) *매수* 추세 모드에서는 **최고점**이 발생한 날을 "S"일로 정하고, 그 다음은 "B", "O", "S" 등의 순서를 따른다.

    (B) *매도* 추세 모드에서는 **최저점**이 발생한 날을 "B"일로 정하고, 그 다음은 "O", "S", "B" 등의 순서를 따른다.

진입

(1) "B"일에만 에서 매수 진입

(2) "S"일에만 에서 매도 진입

청산: (포지션 전환 X)

(1) *매수* 포지션일 때

(A) "O"일에 S_1에서 청산

(B) "S"일에 가격이 S_1(전환점)에 이르지 않는 경우, 종가에 청산

(C) 전환점인 LBOP가 아니라면 어떤 날에도 진입 일에 청산하지 않는다.

(2) *매도* 포지션일 때

(A) "B"일에 가격이 B_1(전환점)에 이르지 않는 경우, 종가에 청산

(B) 전환점인 HBOP가 아니라면 어떤 날에도 진입 일에 청산하지 않는다.

포지션 전환

(1) *매수* 포지션일 때

(A) "S"일에 S_1에서 전환

(B) 어떤 날이든 LBOP에서 전환

(2) *매도* 포지션일 때

(A) "B"일에 B_1에서 전환

⑻ 어떤 날이든 HBOP에서 전환

추세 모드
진입

(1) 어떤 날이든 HBOP에서 *매수* 진입

(2) 어떤 날이든 LBOP에서 *매도* 진입

청산

(1) *매수* 포지션일 때는 트레일링 스톱(과거 2일의 저가 중 더 낮은 값)에서 청산. 이 지점은 정지점에만 해당하므로 포지션을 전환하지 않는다.

(2) *매도* 포지션일 때는 트레일링 스톱(과거 2일의 고가 중 더 높은 값)에서 청산. 이 지점은 정지점에만 해당하므로 포지션을 전환하지 않는다.

포지션 전환

추세 모드에서는 포지션 전환이 **없다.**

이 시스템의 수리적인 측면을 설명하기에 앞서, 날마다 선택할 수 있는 옵션들을 정리해 보자.

"B"일에 B_1에서 *매수* 포지션을 취했다고 가정해 보자. 이날 S_1이라는 가격 움직임 지점에서는 청산하지 않는다. 가격이 불리하게 움직여 LBOP 아래로 떨어진다면, 이 지점에서 *매도* 포지션으로 전환한다. **오직 이 경우에만** "B"일에 청산할 것이다. "B"일에 가격이 유리한 방향으로 움직였다고 가정해 보자. 장 마감 시점에 우리는 고가, 저가, 종가를 이용해 다음 날인 "O"일에 이용할 가격 움직임 지점을 구한다.

"O"일에는 두 가지 옵션이 있다. 가격이 유리하게 움직여 S_1에 이른다면, 이 지점에서 수익을 실현하고 포지션을 청산한다. 포지션을 전환하지는 **않는다**. 가격이 돌파 지점을 통과하면, 추세 모드에 들어가고 트레일링 스톱을 이용해 가격을 추적한다. "O"일에 가격이 S_1에 이르지 않거나 돌파 지점을 관통하지 않는다면, "O"일에 취할 액션은 없다. 장이 마감하면 다음 날인 "S"일에 이용할 가격 움직임 지점을 구한다.

"S"일에 우리는 어떤 방법으로든 *매수* 포지션을 청산**해야 한다**. "S"일에 취할 수 있는 옵션은 3가지다. 가격이 계속 유리한 방향으로 움직여 S_1 매도 지점에 도달하면, 동 지점에서 **포지션을 전환한다**. 가격이 돌파 지점을 통과하면, 추세 모드를 따른다. 두 경우가 모두 아니라면, **종가에 청산한다**. 그러나 이때, **포지션을 전환하지는 않는다**. 이 경우, 다음 "B"일에 B_1에서 *매수*한다. (그 "B"일에 가격이 B_1에 이를 만큼 하락하지 **않는다**면, 시장에 진입하지 않고 계속 밖에서 머문다.)

"S"일에 S_1에서 포지션을 전환했다고 해 보자. 포지션을 전환하는 순간부터, 정지 점은 *매수* 추세 모드로 전환하게 되는 HBOP가 된다. "S"일에는 가격이 하락해 B_1을 지나더라도 **청산하지 않고** 포지션을 유지한다. "S"일 장 마감 때까지 여전히 *매도*

포지션을 유지했다고 가정해 보자. 다음 날인 "B"일에 사용할 가격 움직임 지점을 구한다.

"B"일에는 어떤 방법으로든 *매도* 포지션을 청산**해야 한다**. 만약 "B"일에 가격이 하락해 B_1에 이른다면, *매도* 포지션에서 *매수* 포지션으로 전환할 것이다. 이렇게 되면 정지점은 매도 추세 모드로 바뀌는 전환점이기도 한 LBOP가 된다. 그러나 "B"일에 가격이 B_1에 이를 만큼 충분히 하락하지 않아 현재의 매도 포지션을 전환할 수 **없고**, 충분히 높지도 않아서 HBOP에서 추세 모드로 전환할 수도 **없다면, 종가**에 포지션을 청산한다. 이때 다음 날인 "O"일에는 새로운 포지션을 시작할 수 없다. "S"일에 S_1에서 *매도* 포지션으로 진입하기를 기다릴 것이다. "S"일에 가격이 S_1에 이르지 않는다면, 계속해서 시장 밖에 머물면서 다음번 "B"일에 B_1에서 *매수* 진입할 기회를 노릴 것이다.

어떤 날이든 가격이 HBOP나 LBOP를 통과하면 자동으로 추세 모드로 진입하고, 추세 정지점에 의해 종료되기 전까지는 **오로지 추세 모드의 규칙**을 따르게 된다.

일반적으로 반응 모드에서 포지션을 전환하면서 혹은 새로운 진입 포지션으로 추세 모드에 들어갈 것이다. 시스템이 반응 모드로 돌아가고 있을 때 시장 밖에 머무르고 있었다면, 시가가 HBOP 위에서나 LBOP 아래에서 형성될 수도 있다. 이 경우, 적절히 *매수*나 *매도* 포지션으로 진입할 것이다. 이 같은 경우가 현재 포지션이 존재하지 않는 경우 반응 모드에서 전환되지 않고 추세 모드로 진입하는 유일한 방법이다.

이제 차트와 워크시트를 통해 가상의 예제를 살펴보자.

1일 차 가격은 다음과 같다.

고가: 51.50

저가: 50.50

종가: 50.50

1일 차 가격은 2일 차 가격 움직임 지점을 구할 때 사용된다.

일일 워크시트

반응 추세 시스템

일자		시가	고가	저가	종가	$\overline{X}$	$2\overline{X}-H$ B_l	$2\overline{X}-L$ S_l	$2\overline{X}-2L+H$ HBOP	$2\overline{X}-2H+L$ LBOP
1	S	51.00	51.00	50.50	50.50					
2	B	50.50	51.00	50.00	51.00	50.83	50.16	51.16	52.16	49.16
3	O	51.00	51.20	50.50	51.00	50.67	50.34	51.34	52.34	49.34
4	S	51.10	51.50	50.50	50.50	50.90	50.60	51.30	52.00	49.90
5	B	51.00	51.00	50.10	51.00	50.83	50.16	51.16	52.16	49.16
6	O	50.50	50.50	49.00	49.50	50.70	50.40	51.30	52.20	49.50
7	S	49.50	49.50	48.00	48.00	49.67	48.84	50.34	51.84	47.34
8	B	48.00	48.50	47.50	47.80	48.50	47.50	49.00	50.50	46.00
9	O B	47.20	48.20	47.00	48.20	47.93	47.36	48.36	49.36	46.36
10	O	48.50	49.50	47.70	49.50	47.80	47.40	48.60	49.80	46.20
11	S	49.80	50.50	49.00	49.20	48.90	48.30	50.10	51.90	46.50
12	B	49.00	49.75	48.80	49.40	49.57	48.64	50.14	51.64	47.14
13	O	49.50	50.30	49.30	50.30	49.32	48.89	49.84	50.79	47.94
14	S	50.00	50.80	49.60	49.80	49.97	49.64	50.64	51.64	51.64
15	B	49.80	50.50	49.20	50.20	50.07	49.34	50.54	51.74	48.14
16	O	50.00	50.20	49.50	50.10	49.97	49.44	50.74	52.04	48.14
17	S	49.80	49.80	48.90	48.90	49.93	49.66	50.36	51.06	48.96
18	B	49.00	49.50	48.50	49.20	49.20	48.60	49.50	50.40	47.70
19	O	49.50	49.80	49.00	49.20	49.07	48.64	49.64	50.64	47.64
20	S	49.00	49.70	48.80	49.30	49.33	48.86	49.66	50.46	48.06
21	B	49.46	49.85	49.00	49.20	49.27	48.84	49.74	50.64	47.94
						49.35	48.85	49.70	50.55	48.00
22	O	49.50	50.00	49.00	49.50					
23	S	49.50	50.00	49.00	49.50	49.50	49.00	50.00	51.00	48.00
24	B	49.50	50.00	49.00	49.50	49.50	49.00	50.00	51.00	48.00
25	O	49.50	50.00	49.00	49.50	49.50	49.00	50.00	51.00	48.00
26	S	49.50	50.00	49.00	49.50	49.50	49.00	50.00	51.00	48.00
27	B	49.50	50.00	49.00	49.50	49.50	49.00	50.00	51.00	48.00
28	O	49.50	50.00	49.00	49.50	49.50	49.00	50.00	51.00	48.00
						49.50	49.00	50.00	51.00	48.00

상품명: _____   계약 월: _____

(12일 차에 달성한 손익은 +0.700이나 오탈자로 추정된다. 누적 손익은 이 값을 +0.50으로 놓고 계산된 값이다—역주)

진입	청산	손익	누적 손익	조치 및 주문
매수 − 50.16				
매도 − 51.30	51.30	+1.14		
매수 − 50.16	50.16	+1.14	+2.28	
매도 − 49.50	49.50	−0.66	+1.62	
	48.50	+1.00	+2.62	
매도 − 50.10				
	49.40	+0.50	+3.12	
매도 − 50.64				
매수 − 49.34	49.34	+1.30	+4.42	
	48.90	−0.44	+3.98	
매수 − 48.60				
	49.64	+1.04	+5.02	
매도 − 49.66				
	49.20	+0.46	+5.48	
매도 − 50.00				
매수 − 49.00	49.00	+1.00		
	50.00	+1.00		
매도 − 50.00				
매수 − 49.00	49.00	+1.00		
	50.00	+1.00		

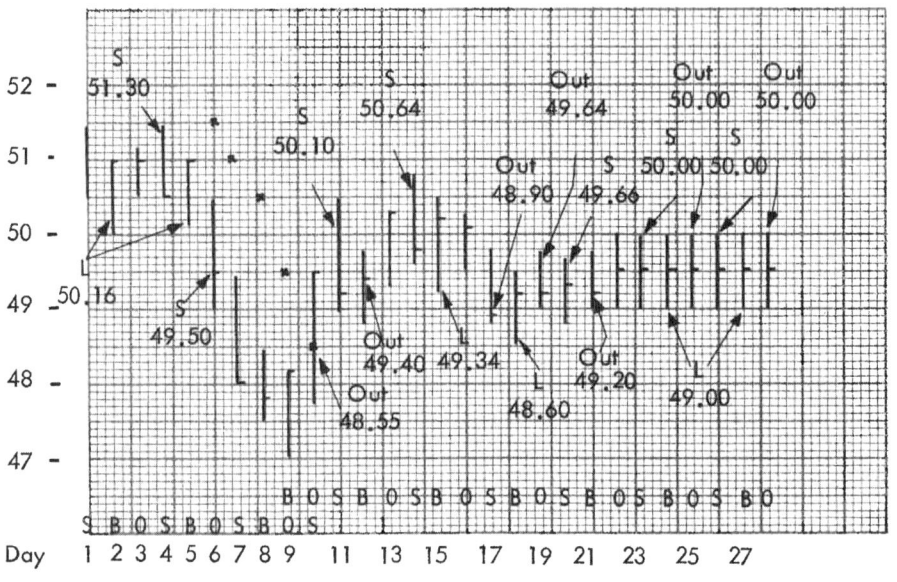

[그림 7.4]

$$\overline{X} = \frac{H + L + C}{3}$$

$$= \frac{51.50 + 50.50 + 50.50}{3}$$

$$= \frac{152.50}{3} = 50.83$$

(1) $B_1 = 2\overline{X} - H$

$= 2(50.83) - 51.50$

$= 101.66 - 51.50 = 50.16$

(2) $S_1 = 2\overline{X} - L$

$= 2(50.83) - 50.50$

$\qquad$ = 101.66 − 50.50 = 51.16

(3) $HBOP = 2\overline{X} - 2L + H$

$\qquad$ = 2(50.83) − 2(50.50) + 51.50

$\qquad$ = 101.66 − 101.00 + 51.50

$\qquad$ = 52.16

(4) $LBOP = 2\overline{X} - 2H + L$

$\qquad$ = 2(50.83) − 2(51.50) + 50.50

$\qquad$ = 101.66 − 103.00 + 50.50

$\qquad$ = 49.16

이제 2일 차에 대한 네 개의 가격 움직임 지점을 계산했으니, 2일 차 행에서 적절한 열에 적어 넣는다. 예를 들어 1일 차를 S로 가정하였으므로, 2일 차는 "B"일이다.

2일 차가 "B"일이라면, 4개의 가격 움직임 지점 중 B_1, LBOP, HBOP, 이 3가지만 고려하면 된다. "B"일이 오면, 우리는 50.16에서 *매수*를 시도할 것이다. 정지점과 전환점은 LBOP인 49.16이다.

2일 차에 가격이 B_1에 이르렀으므로, 50.16에서 *매수*한다. 이날 장이 마감하고 나면, 3일 차에 사용할 네 개의 가격 움직임 지점을 계산한다. 3일 차는 "O"일이다. "O"일에는 가격이 S_1에 도달하면, S_1에서 청산할 준비를 한다.

3일 차 고가는 51.20으로, 51.34인 S_1에 도달하지 못했다. 4일 차에 사용할 네 개의 가격 움직임 지점을 계산해 보면 4일 차의 S_1은 51.30임을 알 수 있다.

4일 차에 가격이 S_1에 도달하였으므로, 51.30에서 *매도* 전환한다. 중개인에게 정지 및 전환점은 HBOP인 52.00이라고 말해 둔다.

5일 차는 "B"일이므로, *매도* 포지션을 B_1, 즉 50.16에서 *매수* 전환한다. 매수 포지션으로 전환한 이후 정지 및 전환점은 LBOP인 49.16이 된다.

6일 차엔 가격이 확 내려가 LBOP인 49.50을 돌파했다. 이 지점에서 *매도*하고 추세 모드로 전환한다. 그 즉시 중개인에게 오늘의 정지점은 이전 2일 동안의 고가 중 더 큰 값인 51.50이라고 전달한다.

7일 차의 트레일링 스톱은 51.00이다.

8일 차 트레일링 스톱은 50.50이다. 9일 차의 트레일링 스톱은 49.50이다. 10일 차에는 정지점인 48.50에서 거래를 중단한다. 현재 추세 모드에 있으므로, 포지션을 전환하지는 않고 단순히 정지점에서 시장을 벗어난다. 추세 모드에서 거래를 중단하고 나서 가장 먼저 해야 할 일은 단계 조정이 필요한지 확인하는 것이다. 추세 모드에서 거래한 이래 최저점은 9일째였다. 원래대로라면 그날은 "O"일이었다. 10일 차의 장 마감 이후가 되면, 우리는 *매도* 추세 모드로 거래한 기간 중 최저점을 달성한 날이 바로 9일 차임을 알 수 있게 된다. 이에 따라 9일 차를 "B"일로 지정하면, 10일은 "O"일이 되고, 11일은 "S"일이 된다.

추세 모드를 막 벗어났기 때문에, 우리는 자동으로 반응 모드로 돌아간다. 10일 차는 "O"일이다. "O"일에는 어떠한 거래도 시작하지 않는다. 물론 가격이 HBOP나 LBOP를 통과하는 경우는 제외하고 말이다.

11일 차에 가격은 S_1, 50.10에 도달했으므로 이 가격에서 *매도한다*.

12일 차는 "B"일이고, 우리는 B_1인 48.64에서 매도 포지션을 청산하고자 한다. 그러나 가격이 그만큼 하락하지 않았으므로, 그날 종가에서 시장을 벗어난다. 가격이 B_1에 이르지 않는 한, *매수* 포지션을 취하지는 않는다.

13일은 "O"일이다. 현재 시장에 참가하고 있지 않기 때문에, 가격이 HBOP나 LBOP를 통과하지 않는 한 다음 날인 "S"일까지 중립을 유지한다.

14일 차가 되면 S_1인 50.64에 *매도한다*.

15일 차는 "B"일이며, 우리의 *매도* 포지션을 B_1인 49.34에 *매수* 전환한다.

16일 차는 "O"일이다. S_1이라는 목표지점에 도달하지 못했으므로 포지션을 유지한다. ("S"일인 17일 차의 S_1이 16일 차보다 낮아진 점에 주목하라. 16일 차의 움직임이 목표지점에 도달하지 못했기 때문에 17일 차의 목표지점이 낮아진 것이다.)

17일 차의 가격 또한 낮아진 목표지점에 도달하지 못했기 때문에, 이날 종가에 시장을 벗어난다.

18일 차는 "B"일이고, 가격이 B_1에 이르렀으므로 *매수한다*.

19일 차는 "O"일이다. 목표지점 S_1은 49.64이고, 가격이 이 점에 이르렀으므로, 이 지점에서 시장을 벗어난다. 포지션을 전환하지는 않는다.

20일 차에는 S_1인 49.66에서 *매도*한다.

21일 차에 가격은 B_1인 48.84에 도달하지 못했으므로, 종가인 49.20에 매도 포지션을 청산한다. 이 시스템은 종종 가격이 B_1이나 S_1에 이르지 않는 경우에도 수익을 달성할 수 있다.

22일 차는 "O"일이다. 따라서 가격이 HBOP나 LBOP를 지나지 않는 이상 새로운 포지션을 개시해서는 안 된다.

그렇다면 완전 횡보 시장에 있다면 무슨 일이 벌어지는지 알아보자. 완전 횡보 시장이란 고가, 저가, 종가가 매일 똑같은 시장이다. 22일은 "O"일이므로, 23일 차에 포지션을 개시한다.

S_1인 50.00에 *매도*한다. 다음 날 B_1인 49.00에 포지션을 전환한다. 25일 차는 "O"일이므로 50.00에서 수익을 실현하고 시장에서 벗어난다. "S"일인 26일 차에는 50.00에서 *매도*한다. 27일 차에는 B_1인 49.00에서 *매수*한다. 28일 차는 "O"일이므로, S_1인 50.00에서 시장에서 벗어난다. 이 가상의 예제는 방향성 움직임이 매우 적고 추세가 없는 시장에서도 수익을 가능하게 하는 추세 반응 시스템 고유의 특징을 보여준다. 이러한 시장은 대개 "폭풍 전야" 상태로, 이후에는 어느 쪽으로든 어마어마한 가격 돌파가 뒤따르곤 한다. 만약 이러한 돌파가 발생할 때 이 시스템을 이용해 시장에서 **거래 중**이었다면, 그것을 놓칠 걱정은 하지 않아도 된다.

앞선 예제에서는 거래를 좀 더 간략하게 만들기 위해, 돌파 가격에서 시장에 진입했다가 트레일링 스톱에서 벗어났다. 그러나 실제 시장에서 이 시스템을 이용해 거래할 때는 항상 다음의 포인트들을 약간씩 **상향** 조정하는 것이 좋다.

(1) HBOP

(2) LBOP

(3) 트레일링 스톱

몇 번을 다시 읽더라도 이 시스템을 꼭 설명해 독자들이 이해하도록 하고 싶었다.

다음은 앞서 언급한 것과 유사한 시장에서 반응 추세 시스템으로 거래하는 것을 보여주는 1977년 5월 콩가루 차트다. 이 시스템은 익히기 위해 노력한 만큼 가치 있다는 것에 여러분 모두 동의할 것이라고 믿는다.

반응 추세 시스템 - 1977년 5월 콩가루(선물)

번호	BOS 배열	포지션	가격	진입/청산 신호	손익	누적 손익
1	O	매수	159.00*	HBOP		
2	B	Out	162.70*	트레일링 스톱	+3.70	
3	O	매수	167.90*	HBOP		
4	O B	Out	194.80	트레일링 스톱	+26.90	+30.60
5	S	매도	191.10	LBOP		
6	S	Out	204.00*	트레일링 스톱	-12.90	+17.70
7	B	매도	191.20	LBOP		
8	S	Out	201.00*	트레일링 스톱	-8.90 (-9.80의 오탈자로 추정되나, 누적 손익값에 영향을 주기 때문에 그대로 옮겼다. -역주)	+8.80
9	S	매도	204.00	S_1		
10	S	매수	208.20	HBOP	-4.20	+4.60
11	S B	Out	223.50	트레일링 스톱	+15.30	+19.90
12	S	매도	214.80	LBOP		
13	S O	Out	197.20	트레일링 스톱	+17.60	+37.50
14	B	매수	192.30	R_1		
15	B	매도	188.10	LBOP	-4.20	+33.30
16	O S	Out	185.70	트레일링 스톱	+2.40	+35.70
17	B	매수	184.00	B_1		
18	O	Out	187.30	S_1	+3.30	+39.00
19	B	매수	183.60	B_1		
20	O	Out	184.70	S_1	+1.10	+40.10
21	O	매수	185.90	HBOP		
22	O	Out	188.80	트레일링 스톱	+2.90	+43.00
23	S	매도	188.30	S_1		
24	B	Out, 매도	194.50*	B_1, HBOP	-6.20	+36.80
25	O B	Out	194.00*	트레일링 스톱	+0.50	+37.30
26	S	매도	199.00	S_1		
27	B	매수	195.30	B_1	+3.70	+41.00
28	S	Out	195.00**		+0.30 (-0.30의 오탈자로 추정되나, 누적 손익값에 영향을 주기 때문에 그대로 옮겼다. -역주)	+41.30
29	B	매수	198.90	HBOP		
30	S B	Out	207.30	트레일링 스톱	+8.40	+49.70
31	S	매도	198.80	LBOP		
32	S B	Out	184.20	트레일링 스톱	+14.60	+64.30
33	S	매도	190.70	S_1		
34	B	Out	192.00*	B_1	-1.30	+63.00
35	O	매도	189.20	LBOP		
36	O S	Out	192.50*	트레일링 스톱	-3.30	+59.70
37	B	매도	190.00*	LBOP		
38	O S	Out	183.90	트레일링 스톱	+6.10	+65.80
39	O	매수	189.90	HBOP		
40	O	Out	188.80	트레일링 스톱	-1.10	+64.70
41	B	매수	189.00*	B_1		
42	S	Out, 매수	190.50*	S_1	+1.50	+66.20
43	O	Out	191.70	트레일링 스톱	-1.20	+65.00
44	S	매도	182.50*	LBOP		
45	S	Out	182.70	트레일링 스톱	-0.20	+64.80
46	S	매도	188.60	S_1		
47	B	Out, 매도	193.20	HBOP	-4.60	+60.20

번호	BOS 배열	포지션	가격	진입/청산 신호	손익	누적 손익
48	O S	Out	192.30	트레일링 스톱	−0.90	+59.30
49	B	매수	190.60	B_1		
50	O	Out	194.10	S_1	+3.50	+62.80
51	B	매수	193.30	B_1		
52	O	Out	195.50*	S_1	+2.20	+65.00
53	O	매수	198.00	HBOP		
54	O	Out	200.00*	트레일링 스톱	+2.00	+67.00
55	S	매도	200.20	S_1		
56	S	매수	202.40	HBOP	−2.20	+64.80
57	B S	Out	197.80	트레일링 스톱	−4.60	+60.20
58	S	매도	199.30	S_1		
59	B	Out, 매수	198.50	B_1	+0.80	+61.00
60	O	Out	200.80	S_1	+2.30	+63.30
61	S	매도	200.50	S_1		
62	B	Out	204.20**		−3.70	+59.60
63	S	매도	207.40	S_1		
64	B	Out, 매수	205.30	B_1	+2.10	+61.70
65	O	Out	209.40	S_1	+4.10	+65.80
66	S	매도	213.40	S_1		
67	B	Out	215.30**		−1.90	+63.90
68	S	매도	215.50	S_1		
69	S	매수	217.70	HBOP	−2.20	+61.70
70	O	Out	213.30	트레일링 스톱	−4.40	+57.30
71	S	매도	215.00	S_1		
72	B	Out, 매수	214.00	B_1	+1.00	+58.30
73	S	Out, 매도	217.30	S_1	+3.30	+61.60
74	B	매수	212.30	B_1	+5.00	+66.60
75	O	Out	213.00	S_1	+0.70	+67.30
76	O	매수	215.90	HBOP		
77	B O	Out	210.00	트레일링 스톱	−5.90	+61.40
78	S	매도	214.30	S_1		
79	B	Out, 매수	208.90	B_1	+5.40	+66.80
80	S	Out	210.70**		+1.80	+68.60
81	B	매수	209.10	B_1		
82	O	Out	209.60	S_1	+0.50	+69.10
83	S	매도	210.80	S_1		
84	B	Out	212.40**		−1.60	+67.50
85	S	매도	214.80	S_1		
86	B	Out	213.20**		+1.60	+69.10
87	B	매수	211.20	B_1		
88	O	Out	211.30	S_1	+0.10	+69.20
89	O	매수	213.00	HBOP		
90	S	Out	236.30	트레일링 스톱	+23.30	+92.50
91	S	매도	234.20	S_1		
92	B	매수	234.00	B_1	+0.20	+92.70
93	S	매도	238.60	S_1	+4.60	+97.30
94	B	매수	237.50	B_1	+1.00 (+1.10의 오탈자로 추정되나, 누적 손익값에 영향을 주기 때문에 그대로 옮겼다. -역주)	+98.30
95	O	Out	238.50	S_1	+0.90 (+1.00의 오탈자로 추정되나, 누적 손익값에 영향을 주기 때문에 그대로 옮겼다. -역주)	+99.20

* 시가
** 종가

요약 반응 추세 시스템
(77년 5월 콩가루)

거래 횟수: 총 56회
36회 이익(64%)
20회 손실(36%)

손익: 총 99.20 이익
174.70 이익
75.50 손실

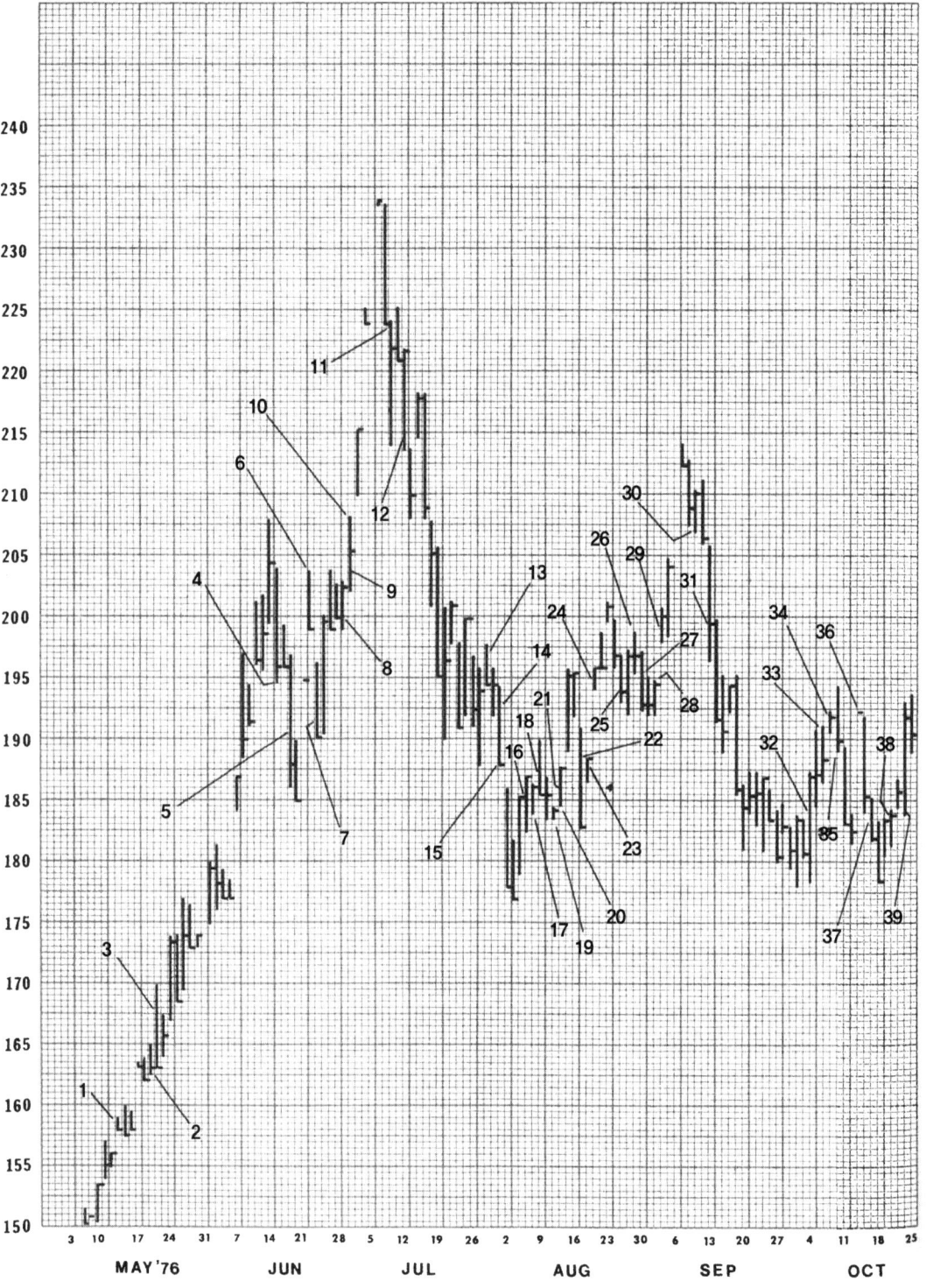

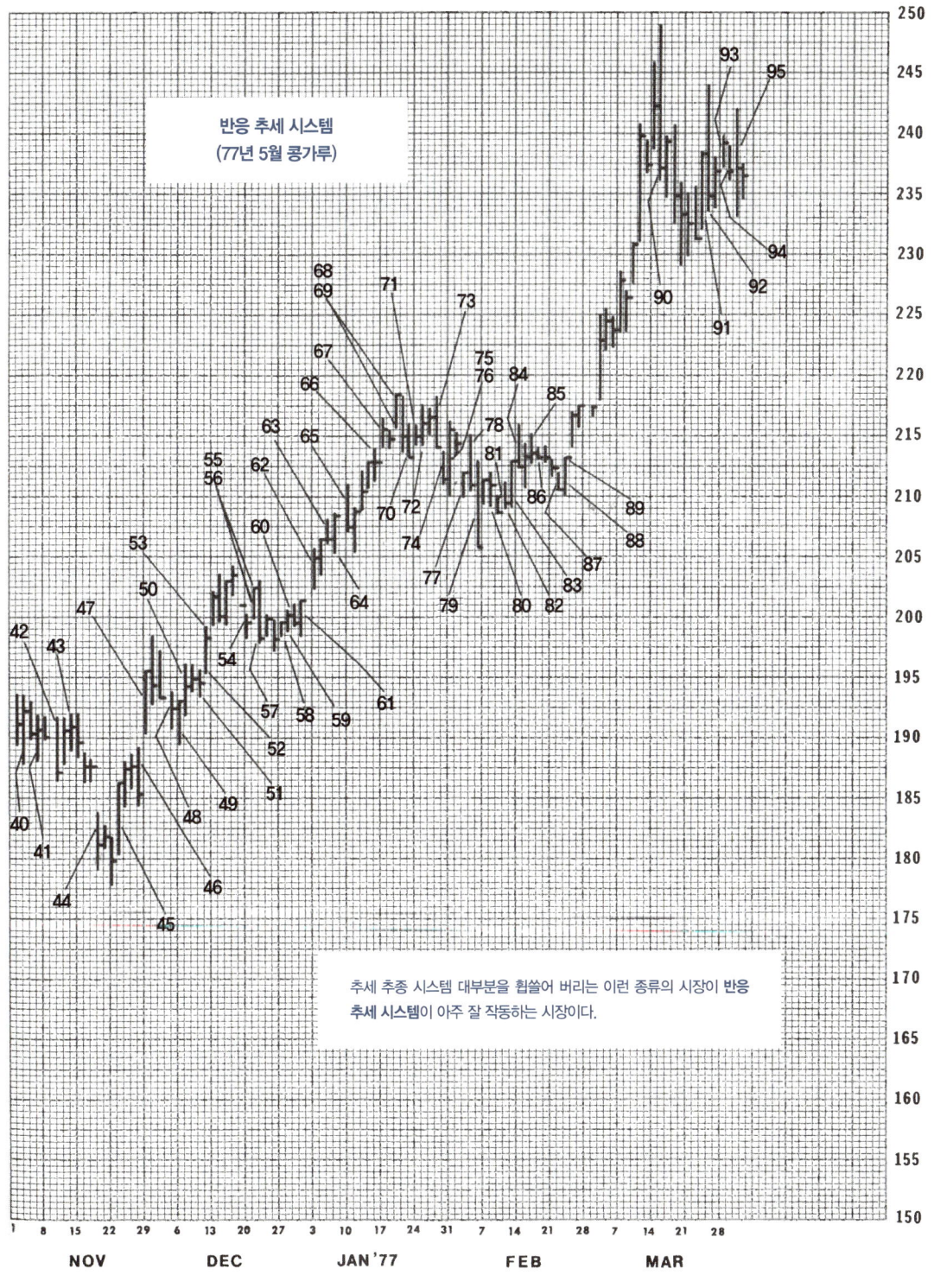

PART 8

스윙 인덱스

Swing Index

내가 아는 가장 명석한 기술 분석가는 다음과 같이 말하면서 나를 이 방법론의 세계로 이끌었다.

"시가, 고가, 저가, 종가라는 미로의 어느 한가운데에는 보이지 않는 선이 존재하는데, 이게 진짜 시장이야. 이 선은 시장이 만들어 내는 진짜 움직임을 나타내지."

약간의 연구를 통해, 매일의 움직임을 일정한 매개변수로 명확하게 평가할 수 있다면 이 보이지 않는 선을 밝힐 수 있을 거라는 결론에 도달했다. 문제는 각 움직임을 하루 단위로, 또 전일의 움직임과 비교하고 이를 절대치와 결부시키는 것이었다.

2일이라는 기간 동안 평가해야 할 포인트가 최소 28개 이상이라는 사실과 합쳐지면, 이 문제는 훨씬 더 복잡해진다. 다음 16가지는 **두 개의 일자를 서로** 비교할 때 가능한 조합이다. 아래첨자에 1이라고 쓰인 것은 첫째 날, 2라고 쓰인 것은 둘째 날을 의미한다.

H_2H_1 H_2L_1 L_2O_1 O_2C_1

L_2L_1 H_2O_1 L_2C_1 C_2H_1

O_2O_1 H_2C_1 O_2H_1 C_2L_1

C_2C_1 L_2H_1 O_2L_1 C_2O_1

다음 6가지는 **하루 단위**로 비교할 때 가능한 조합이다.

H_1O_1 L_1O_1 H_2O_2 L_2O_2
H_1L_1 L_1C_1 H_2L_2 L_2C_2
H_1C_1 O_1C_1 H_2C_2 O_2C_2

수많은 접근 방식을 고안하고 테스트해 본 결과, 다음 요소들이 가장 유용한 지표로 확인되었다.

상승 일에는 다음의 플러스 요소들이 가장 두드러진다.

(1) 오늘의 종가가 전일 종가 위에 있음.
(2) 오늘의 종가가 오늘의 시가 위에 있음.
(3) 오늘의 고가가 전일 종가 위에 있음.
(4) 오늘의 저가가 전일 종가 위에 있음.
(5) 전일 종가가 전일 시가 위에 있음.

하락 일에는 위 사실들이 전부 마이너스로 작용한다.

그런 다음 위 요소들에 가중치를 부여하고 가능한 가장 높은 값이나 낮은 값과 비교하여 평가한 다음 한정된 범위 내의 절대적인 수치로 정의한다.

(1) 값이 가장 높은 경우는 첫째 날 가격이 상한선에서 멈춰 있고, 둘째 날에도 상한선에서

멈춰 있을 때다.

(2) 값이 가장 낮은 경우는 첫째 날 가격이 하한선에서 멈춰 있고, 둘째 날에도 하한선에서 멈춰 있을 때다.

(3) 첫째 날 가격 변동이 없고 둘째 날에도 가격 변동이 없으면 값은 0이 된다.

(4) 절대적인 수치는 +100과 -100 사이의 값을 갖는다.

이러한 전제들을 만족시키는 다음과 같은 방정식이 도출된다.

$$SI = 50 \left[\frac{C_2 - C_1 + 0.5(C_2 - O_2) + 0.2(C_1 - O_1)}{R} \right] \frac{K}{L}$$

이 방정식의 수학적인 부분을 들여다보기 전에, 이 방정식이 두 거래일의 움직임과 관련된 플러스 및 마이너스 요소들을 어떻게 평가하는지 살펴보자. 가능한 움직임이 3.00으로 제한된다고 가정해 보자.

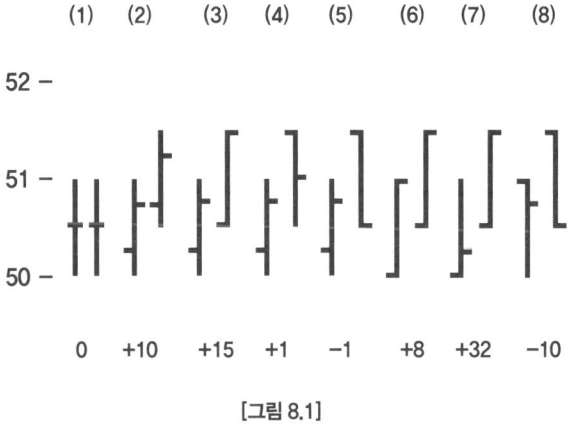

[그림 8.1]

언뜻 보면 위 값이 말도 안 되는 것처럼 보일 수 있다. 두 거래일마다 고가와 저가가 같지만, 각 거래일의 (스윙 인덱스) 값은 -10에서 +32까지 다양하다. 그러나 각각의 예시를 이전에 정의된 플러스 요인의 관점에서 평가해 보면, 값들이 딱 맞아떨어진다. 7번 예시에서 가장 큰 가중치를 갖는 플러스 요인이 발생했는데, 전일 (종가) 대비 가장 상승한 지점에서 마감한 것이다. 5번과 8번 예시에서는 마이너스 요인이 플러스 요인을 초과했으며 둘 다 전일 대비 하락 마감했다. 사실상 기술 분석가 대다수는 둘 모두를 "중요 전환점"이라고 부를 것이다. 왜냐하면, 첫째 날에 비해 둘째 날

(1) **시가가 더 높고,**
(2) **고가가 더 높고,**
(3) **종가가 더 낮기 때문이다.**

몇 분만 투자해 이 첫 번째 예시 8개를 플러스 요인의 관점에서 분석해 보라.

이제 예시 몇 가지만 더 살펴보자. 어느 방향으로든 가능한 가장 큰 움직임은 똑같이 전날 종가로부터 3.00으로 제한된다고 가정한다.

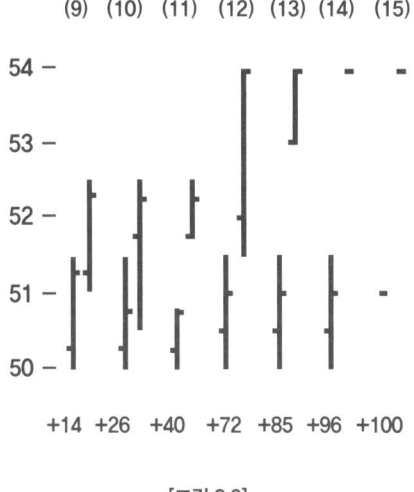

[그림 8.2]

9번 예시: 그림 상의 구조는 2번 예시와 같다. 그러나 가격이 제한된 움직임 관점에서 볼 때 더 멀리 움직였기 때문에 스윙 인덱스의 값은 더 크다.

10번 예시: 전날에 비해 종가가 더 높으므로 인덱스는 9번 예시보다 크다.

11번 예시: 시가와 종가는 10번 예시와 같다. 그러나 11번 예시의 인덱스가 더 높은 값을 갖는다. 첫째 날 종가와 둘째 날 저가 사이에 갭이 존재하기 때문이다. (이 방정식에서 갭은 통상적인 L_2와 H_1이 아닌, L_2와 C_1 사이로 측정된다.)

12번 예시: 둘째 날 종가는 상한선에 이르렀지만, 스윙 인덱스는 100이 아닌, 72라는 값을 갖는다.

13번 예시: 여기서도 둘째 날 종가는 상한선에 이르렀다. 그러나 이 한도 아래로도 거래가 있었다. 이렇게 더 큰 갭은 12번 예시보다 더 큰 값의 인덱스로 나타난다.

14번 예시: 둘째 날 종가가 상한선에서 멈춰 있다. 상한선에 이르렀으나 범위가 있었던 전보다 더 큰 스윙 인덱스값을 갖는다.

15번 예시: 첫째 날 가격이 멈춰 있는데 둘째 날도 가격이 멈춰 있는 상태라면 방정식의 값은 가능한 범위에서 가장 큰 100이다. 양일 모두 범위가 존재하지 않기 때문이다.

이제 스윙 인덱스와 관련된 방정식이 어떻게 값을 산출하는지 알게 되었으므로, 스윙 인덱스 방정식의 또 다른 중요한 특징에 관해 살펴보도록 하자. 바로 움직임을 어떻게 식별하는지와 관련된 특징이다.

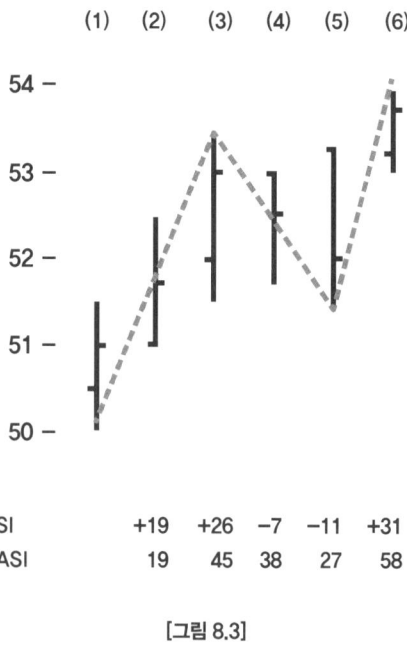

[그림 8.3]

기술 분석가 대부분은 그림 8.3에 표시된 것과 같은 단기 움직임을 쉽게 포착했을 것이다. 스윙 인덱스 또한 그림 8.4처럼 그 움직임을 식별했다. 이는 단순히 각각의 인덱스값을 모두 더한 값을 그래프에 표시한 것이다.

결괏값은 누적 스윙 인덱스Accumulative Swing Index, ASI라고 한다. 이는 전일까지의 누적값에 당일의 스윙 인덱스를 더하거나 빼서(+ 혹은 - 부호에 따른다.) 구할 수 있다.

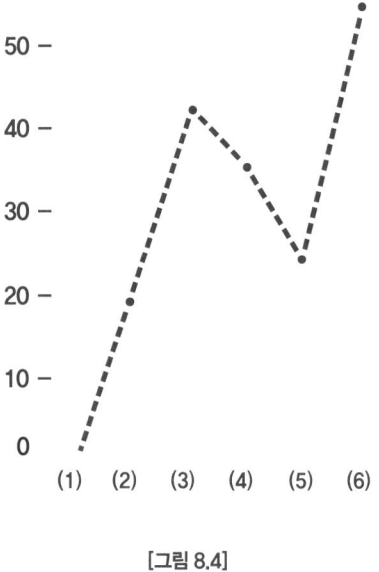

[그림 8.4]

그림 8.4에서 출발점은 0이다. 이 값에 2일 차 스윙 인덱스SI인 +19를 더하면 2일 차의 ASI는 +19가 된다. 3일 차의 SI는 26이다. 이 값을 +19에 더하면 3일 차 ASI는 45가 된다. 4일 차에는 SI가 −7이다. 이 값을 45에서 빼면 4일 차 ASI는 38이 된다.

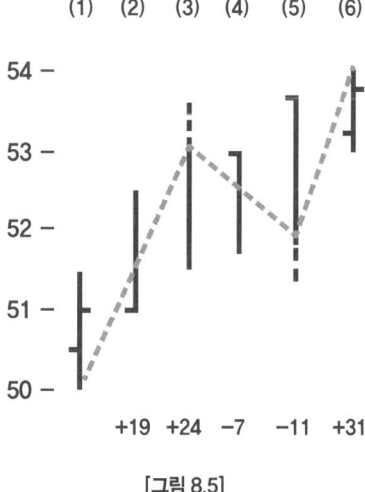

[그림 8.5]

PART 8 스윙 인덱스

이제 그림 8.5를 살펴보자. 3일 차 고가와 5일 차 저가를 제외한 나머지는 그림 8.3과 동일하다. 기술 분석가 대부분은 이 움직임을 파악하지 못할 것이다. 그러나 매일의 움직임을 평가함으로써 ASI는 움직임을 식별해 낸다.

움직임을 식별하는 방법으로 모든 기술 분석가가 동의하는 절대적인 방법은 없다. 실제로 움직임을 포착하는 데에는 스윙 시스템의 수만큼 다양한 규칙이 있을 것이다. 여기에 엘리엇 파동 이론Elliott Wave Theory의 실무자까지 고려하면, **어떠한 규칙 없이도** 수학적으로 단기 움직임을 식별하는 방정식의 가치는 매우 중요한 개념이다.

4 거래일 가격을 하나의 방정식에 대입하여 당일 거래를 위한 **하나의 절대적인 수치**로 환산할 수 있다는 것은, 동시에 모든 단기 움직임을 정확하게 식별할 수 있다는 것은 실로 엄청난 일이다. 자신만의 창의력과 독창성을 발휘해 활용할 만한 시스템을 고안하기를 바라는 독자들은 이 개념을 만끽할 수 있다.

이 방정식을 설명하기 전에 독자들에게 그 가치와 영향에 대해 보여주고 싶었다. 이 방정식은 수학에 관심이 없는 사람들에게는 그다지 단순하지 않기 때문이다. 그러나 더하기, 빼기, 곱하기, 나누기만 할 줄 알면 방정식을 풀 수 있다.

SI 방정식에서 대괄호 안의 분자를 제외한 모든 항목에는 절댓값만 사용한다. 분자는 괄호 안의 R 위에 있는 모든 항을 의미한다.

스윙 인덱스SI **방정식**

$$SI = 50 \left[\frac{C_2 - C_1 + 0.5(C_2 - O_2) + 0.25(C_1 - O_1)}{R} \right] \frac{K}{L}$$

여기서 K는 다음 둘 중 큰 값이다.

(1) $H_2 - C_1$
(2) $L_2 - C_1$

그리고 L은 (가격이) 위 또는 아래로 움직일 수 있는 한계치를 의미한다.

"R"을 구하기 위해서는 먼저 다음 중 **가장 큰 값**을 구한다.

(3) $H_2 - C_1$
(2) $L_2 - C_1$
(3) $H_2 - L_2$

(1)이 가장 크다면, R은 $(H_2 - C_1) - 0.5(L_2 - C_1) + 0.25(C_1 - O_1)$이다.
(2)가 가장 크다면, R은 $(L_2 - C_1) - 0.5(H_2 - C_1) + 0.25(C_1 - O_1)$이다.
(3)이 가장 크다면, R은 $(H_2 - L_2) + 0.25(C_1 - O_1)$이다.

이때,

O_1 = 어제의 시가, O_2 = 오늘의 시가
H_1 = 어제의 고가, H_2 = 오늘의 고가
L_1 = 어제의 저가, L_2 = 오늘의 저가
C_1 = 어제의 종가, C_2 = 오늘의 종가다.

다음 예제를 이용해 연습해 보자.

	시가	고가	저가	종가
1일 차	50.50	52.00	50.00	51.50
2일 차	51.80	53.00	51.30	52.80

먼저 분자$_{\text{Numerator, N}}$를 계산하자.

$$N = C_2 - C_1 + 0.5(C_2 - O_2) + 0.25(C_1 - O_1)$$

(대입해 보면)

N = 52.80 − 51.50 + 0.5(52.80 − 51.80) + 0.25(51.50 − 50.50)

 = 1.3 + 0.5(1.00) + 0.25(1.00)

 = 1.3 + 0.50 + 0.25

 = 2.05

앞서 얻은 수치를 SI 방정식에 넣는다. 움직임의 제한폭$_{\text{Limit, L}}$은 3.00으로 가정한다. 지금까지 얻은 값을 넣으면, 다음과 같다.

$$SI = 50 \left[\frac{2.05}{} \right] \left[\frac{}{3.00} \right]$$

K는 다음 둘 중 큰 값이다.

(1) $H_2 - C_1$: 대입해 보면 53.00 − 51.50 = 1.50이 된다.
(2) $L_2 - C_1$: 대입해 보면 51.30 − 51.50 = 0.20이 된다. (절댓값)

그러므로, K는 1.50이다.

$$SI = 50 \left[\frac{2.05}{} \right] \left[\frac{1.50}{3.00} \right]$$

R을 구하려면 다음 중 **가장 큰 값**을 구해야 한다.

(1) $H_2 - C_1$: 대입해 보면 53.00 − 51.50 = 1.50
(2) $L_2 - C_1$: 대입해 보면 51.30 − 51.59 = 0.20(절댓값)
(3) $H_2 - L_2$: 대입해 보면 53.00 − 51.30 = 1.70

위 값 중 가장 큰 값은 (3)이므로, 세 번째 방정식에 대입해 R을 구할 것이다.

$R = (H_2 - L_2) + 0.25(C_1 - O_1)$
$R = 53.00 − 51.30 + 0.25(51.50 − 50.50)$
$R = 1.70 + 0.25(1.00)$
$R = 1.70 + 0.25$
$R = 1.95$

이제 SI 방정식의 모든 항의 값을 얻었다.

$$SI = 50 \left[\frac{N}{R} \right] \left[\frac{K}{L} \right]$$

$$SI = 50 \left[\frac{2.05}{1.95} \right] \left[\frac{1.05}{3.00} \right]$$

먼저 괄호 안의 숫자를 나누면,

$SI = 50 \, [1.05] \, [0.50]$

이제 세 숫자를 모두 곱하면,

$SI = 50 \times 1.05 \times 0.50$

$SI = 26.25$

가장 가까운 정수로 반올림하면: $SI = 26$

몇 가지 손쉬운 방법을 택할 수도 있다. 예를 들면, R 계산에 사용될 방정식으로 셋 중 하나를 고를 때에 사용하는 값들은 K값을 구할 때 사용하는 값들에 $H_2 - L_2$가 더해진 것이다. 그리고 R 계산식에서 $0.25(C_1 - O_1)$이라는 수치는 분자를 계산할 때 이미 사용했던 값이다.

이제 이 사실들을 이용해 주가가 하락한 날의 SI를 구해 보자.

	시가	고가	저가	종가
1일 차	53.50	54.00	52.00	52.50
2일 차	52.00	52.00	51.00	51.00

먼저 분자$_N$를 계산한다.

$N = C_2 - C_1 + 0.5(C_2 - O_2) + 0.25(C_1 - O_1)$

(대입해 보면)

$51.00 - 52.50 + 0.5(51.00 - 52.00) + 0.25(52.50 - 53.50)$

$= -1.50 + 0.5(-1.00) + 0.25(-1.00)$

= −1.50 − 0.50 − 0.25

N = −2.25

51.00 - 52.50은 -1.50이다. 그리고 양수에 음수를 곱한 값은 음수가 된다.

+0.5(-1.00) = -0.50인 것처럼 말이다.

지금까지의 SI 방정식은 다음과 같다.

$$SI = 50 \left[\frac{N}{R}\right] \left[\frac{K}{L}\right]$$

$$SI = 50 \left[\frac{-2.05}{}\right] \left[\frac{}{3.00}\right]$$

분자는 절댓값을 사용하지 **않는** 유일한 항목이다. (이전 장에서 설명한 것처럼, 음수에 양수를 더한 값은 둘의 차잇값에 더 큰 수의 부호를 붙인 것과 같다.)

K는 다음 둘 중 큰 값이다.

(1) $H_2 - C_1$: 대입해 보면 52.00 − 52.50 = 0.50(절댓값)
(2) $L_2 - C_1$: 대입해 보면 51.00 − 52.50 = 1.50(절댓값)

K = 1.50(위 둘 중 더 큰 절댓값)

R을 구하는 데 사용될 계산식을 찾으려면 먼저 다음 중 가장 큰 값을 알아야 한다.

(1) $H_2 - C_1$: 위를 참조하면 0.50

(2) $L_2 - C_1$: 위를 참조하면 1.50

(3) $H_2 - L_2$: 대입해 보면 52.00 − 51.00 = 1.00

위에서 가장 큰 값은 (2)이므로, 두 번째 방정식을 사용해 R을 구한다.

$$R = (L_2 - C_1) - 0.5(H_2 - C_1) + 0.25(C_1 - O_1)$$

분자를 계산할 때 $0.25(C_1 - O_1)$는 −0.25였다. 이 값의 절댓값은 0.25이다. 그러므로,

$R = (51.00 - 52.50) - 0.5(52.00 - 52.50) + 0.25$

$R = 1.50 - 0.5(-0.50) + 0.25$

$R = 1.50 - 0.25 + 0.25$

$R = 1.50$

그러면,

$SI = 50 \left[\dfrac{-2.25}{1.50}\right] \left[\dfrac{1.50}{3.00}\right]$

$SI = 50 \ [-1.50] \ [0.50]$

$SI = -37.50$

SI의 부호(양수인지 또는 음수인지)는 분자에 의해 결정된다는 점에 유의하라. 분자가 음수라면, SI는 음수다. 분자가 양수라면, SI도 양수다.

이제 이 방정식의 수리적인 부분에 싫증이 난 사람들을 위해, "쉽게 따라 할 수

있는" 지침들이 포함된 워크시트를 보면서 이 방정식을 연습해 보자. 워크시트의 상단에서 언제 절댓값(absolute values, ABS)을 사용해야 할지(언제 음수 부호를 탈락시킬지)와 언제 + 혹은 – 부호를 사용해야 할지(언제 음수 부호를 유지할지)를 알려준다. 다음은 워크시트의 2일 차에서 따온 것이다.

절댓값 사용

#1열에 $H_2 - C_1$을 적을 때 / 44.00 – 41.50 = 2.50

#2열에 $L_2 - C_1$을 적을 때 / 42.00 – 41.50 = 0.50

#3열에 $H_2 - L_2$를 적을 때 / 44.00 – 42.00 = 2.00

#4열에 $C_1 - O_1$을 적을 때 / 41.50 – 40.50 = 1.00

+ 혹은 – 부호 사용

#5열에 $C_2 - C_1$을 적을 때 / 43.00 – 41.50 = 1.50

#6열에 $C_2 - C_2$를 적을 때 / 43.00 – 42.00 = 1.00

#7열에 $C_1 - C_1$을 적을 때 / 41.50 – 40.50 = 1.00

N = (#5) + 1/2(#6) + 1/4(#7)

   = 1.50 + 1/2(1.00) + 1/4(1.00)

   = 1.50 + 0.50 + 0.25

   = 2.25

이 N값을 #8열에 적는다.

#1열과 #2열 중 더 큰 값을 찾은 뒤, 이 값(2.50)을 #9열에 적는다.
#1열, #2열, #3열 중 가장 큰 값을 찾는다.

그 값이 #1열에 있는 경우, R = (#1) − 1/2(#2) + 1/4(#4)

#2열에 있는 경우, R = (#2) − 1/2(#1) + 1/4(#4)

#3열에 있는 경우, R = (#3) + 1/4(#4)

가장 큰 값이 #1열에 있으므로, 첫 번째 방정식에 숫자들을 대입한다.

R = 2.50 − 1/2(0.50) + 1/4(1.00)

R = 2.50 − 0.25 + 0.25

R = 2.50

R값(2.50)을 #10열에 적는다.

(움직임의) 한도(3.00)를 #11열에 적는다.

$$SI = 50 \left[\frac{(\#8)}{(\#10)}\right]\left[\frac{(\#9)}{(\#11)}\right]$$

$$= 50 \left[\frac{2.25}{2.50}\right]\left[\frac{2.50}{3.00}\right]$$

$$= 50\,[0.90]\,[0.83]$$

$$= 50 \times 0.90 \times 0.83$$

$$= 37.35$$

가장 가까운 정수로 반올림한다.

SI = 37

이제 가격이 하락한 날의 워크시트 예제를 따라가 보자.

절댓값 사용

#1열에 $H_2 - C_1$을 적을 때 / 43.50 − 43.00 = 0.50

#2열에 $L_2 - C_1$을 적을 때 / 41.50 − 43.00 = 1.50(절댓값)

#3열에 $H_2 - L_2$를 적을 때 / 43.50 − 41.50 = 2.00

#4열에 $C_1 - O_1$을 적을 때 / 43.00 − 42.00 = 1.00

+ 혹은 − 부호 사용

#5열에 $C_2 - C_1$을 적을 때 / 42.00 − 43.00 = −1.00

#6열에 $C_2 - C_2$를 적을 때 / 42.00 − 42.80 = −0.80

#7열에 $C_1 - C_1$을 적을 때 / 43.00 − 42.00 = 1.00

N = (#5) + 1/2(#6) + 1/4(#7)

    = −1.00 + 1/2(−0.80) + 1/4(1.00)

    = −1.00 + −0.40 + 0.25

    = −1.15

이 N값(−1.15)을 #8열에 적는다.

#1열과 #2열 중 더 큰 값(1.50)을 찾은 뒤, 이 값(1.50)을 #9열에 적는다.

#3열의 값이 #1, #2, #3 중 가장 크므로 세 번째 방정식을 사용한다.

R = (#3) + 1/4(#4)

$$= 2.00 + 1/4(1.00)$$
$$= 2.00 + 0.25$$
$$R = 2.25$$

이 R값(2.25)을 #10열에 적는다.

(움직임의) 한도(이 예제의 경우, 3.00)를 #11열에 적는다.

$$SI = 50 \left[\frac{(\#8)}{(\#10)} \right] \left[\frac{(\#9)}{(\#11)} \right]$$
$$= 50 \left[\frac{-1.15}{2.25} \right] \left[\frac{1.50}{3.00} \right]$$
$$= 50 \times -.51 \times .50$$
$$= -12.75$$
$$= -13 (가장 가까운 정수로 반올림)$$

누적 스윙 인덱스Accumulative Swing Index, ASI는 매일의 SI를 누적하여 얻은 값이며, 가장 최근 SI의 부호(+ 혹은 -)로 표시된다. 누적 인덱스는 양수일 수도, 음수일 수도 있다. 장기적인 추세가 **상승세**라면, 누적 인덱스는 양수다. 장기적인 추세가 **하락세**라면, 누적 인덱스는 음수다. 장기적인 추세의 방향성이 존재하지 않는다면, ASI는 양수와 음수를 넘나들 것이다.

워크시트 예제에서 첫날의 ASI는 SI와 같다. 둘째 날의 ASI는 24인데, 이 값은 전일의 ASI인 37에서 둘째 날의 SI인 -13을 누적한 것이다.

워크시트 상단에는 열 제목과 당일 시가, 고가, 저가, 종가가 쓰인 워크시트만을 가지고 SI와 ASI를 구하는 방법에 대한 간략한 설명이 포함되어 있다. 이런 방식으로 워크시트를 활용하면, 수학에 흥미가 없는 사람일지라도 해당 일자에 대한 SI와 ASI를 구하는 데 문제가 없을 것이다. 말하자면 "쉽게 따라 할 수 있는" 테크닉이다. 단순히 열들을 채워 넣고, 지시 사항을 따르기만 하면, 모든 게 맞아떨어질 것이다.

워크시트의 4일 차부터 8일 차까지의 열들은 빈칸으로 남겨 두었다. 이 시점에서 혼자 방정식을 풀어보고 싶은 사람들은 그 5일 치를 계산해 보기를 바란다. 해당 날짜의 정확한 SI와 ASI는 해당 열에 적혀 있다. 이 책에서 소개하는 모든 시스템과 지수들과 더불어, 부록에는 이 시스템을 위한 빈 워크시트가 제공된다. 해당 워크시트를 복사기로 복사해 하루 단위로 시장을 따르는 데 활용할 수 있다.

이 시점에서 잠깐 멈춰서 스윙 인덱스의 중요성에 대해 생각해 보자. 스윙 인덱스는 언제나 0과 +100 혹은 0과 −100 사이의 값을 가짐으로써 일상적인 트레이딩에 수리적인 가치를 가져다준다. 둘째, 스윙 인덱스는 단기적인 움직임 포인트에 대한 결정적인 힌트를 제공한다. 셋째, 스윙 인덱스는 고가, 저가, 종가의 미로를 관통하는 하나의 선으로 나타나며, 시장 움직임의 실제 강도와 방향성을 알려준다. 이 지표 **하나**를 기반으로, 혹은 이 지표들의 **조합**을 기반으로 많은 훌륭한 시스템과 방법들이 고안될 수 있다. 이미 좋은 스윙 시스템이나 파동 시스템을 사용하고 있는 사람은 이 지수를 추가적인 도구로 활용할 수 있다. 이 도구는 어떤 움직임이 의미 있는 움직임인지 아닌지를 알아내기 위해 많은 규칙을 따르느라 시간을 소비할 필요 없이 간단한 수학으로 단기 움직임을 설명해 준다. 스윙 인덱스는 하나의 돌파 지표로써 다른 방법론의 보조 지표로 사용될 수도 있다. ASI값이 이전의 중요한 고점High Swing Point(ASI 선의 고점을 의미한다—역주)이 형성된 날의 ASI보다 **크면** 돌파를 암시하는 것이다. ASI값이 이전의 중요한 저점Low Swing Point(ASI 선의 저점을 의미한다—역주)이 형성된 날의 ASI **아래로** 떨어지면 하향 돌파를 나타내는 것일 수 있다.

스윙 인덱스를 일일 막대 차트와 함께 표시하면, ASI가 그리는 추세선을 막대 차트가 그리는 추세선과 비교할 수 있다. 의미 있는 추세선을 그리는 방법을 아는 사람에게 ASI는 추세선의 돌파를 확인하는 좋은 도구가 될 수 있다. 종종 막대 차트가 그리는 추세선에 잘못 나타나는 돌파 신호는 ASI가 그리는 추세선에서는 확인되지 않는다. ASI가 종가에 큰 가중치를 부여하기 때문에, 장중에 발생한 빠른 상승이나 하락은 이 지수에 부정적인 영향을 미치지 않는다.

누적 스윙 인덱스를 이용해 내가 고안한 시스템은 매우 단순한 스윙 시스템이다. 스윙 포인트는 고점 스윙 포인트와 저점 스윙 포인트로 나뉘며, 이는 ASI를 통해 알 수 있다(이하에서는 High Swing Point 및 Low Swing Point를 각각 고점, 저점으로 옮겼다. 이때의 고점, 저점은 ASI 선에서의 고점을 의미한다—역주).

스윙 인덱스 시스템

맨 처음엔 돌파 지점에서 시장에 진입한다. 예를 들면, ASI값이 이전의 중요한 고점이 만들어 낸 값보다 큰 다음 날 *매수*한다(그림 8.6 참조). 아니면, ASI가 이전의 중요한 저점이 형성된 날의 ASI 아래로 떨어진 다음 날 *매도*한다(그림 8.7 참조).

일단 시장에 진입하면, 이전의 스윙 포인트를 인덱스 정지 및 전환점$_{SAR}$으로 사용한다. 매수 포지션이라면, 인덱스 SAR은 이전의 저점이다. *매도* 포지션에서는 이전의 고점이 인덱스 SAR이다. 추가로 우리는 인덱스 SAR 트레일링 스톱을 사용할 것이다. 인덱스 SAR 트레일링 스톱은 가장 유리한 ASI 고점으로부터 60포인트 떨어져 있거나(매수 포지션의 경우), 가장 유리한 ASI 저점으로부터 60포인트 떨어져 있다(매도 포지션의 경우). 이 60포인트 추적 SAR은 누적 스윙 인덱스로부터 60포인트다. 현재 추적하

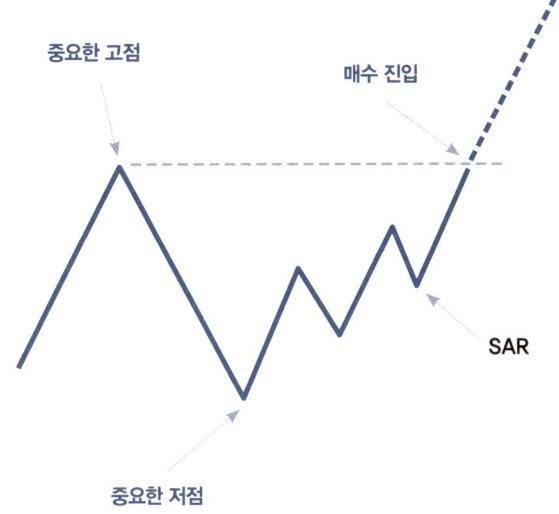

[그림 8.6]

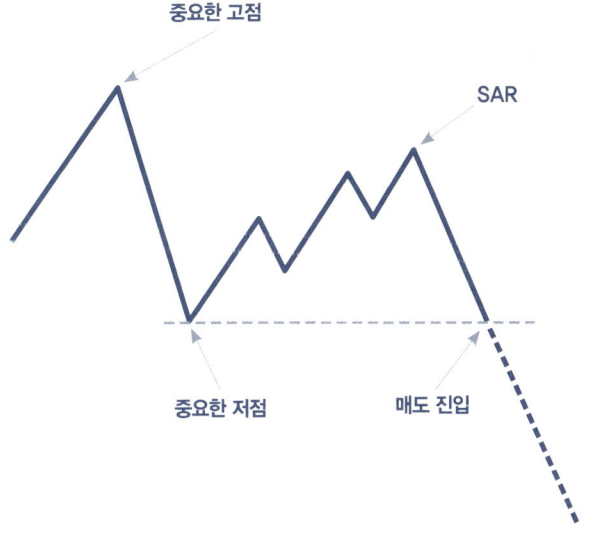

[그림 8.7]

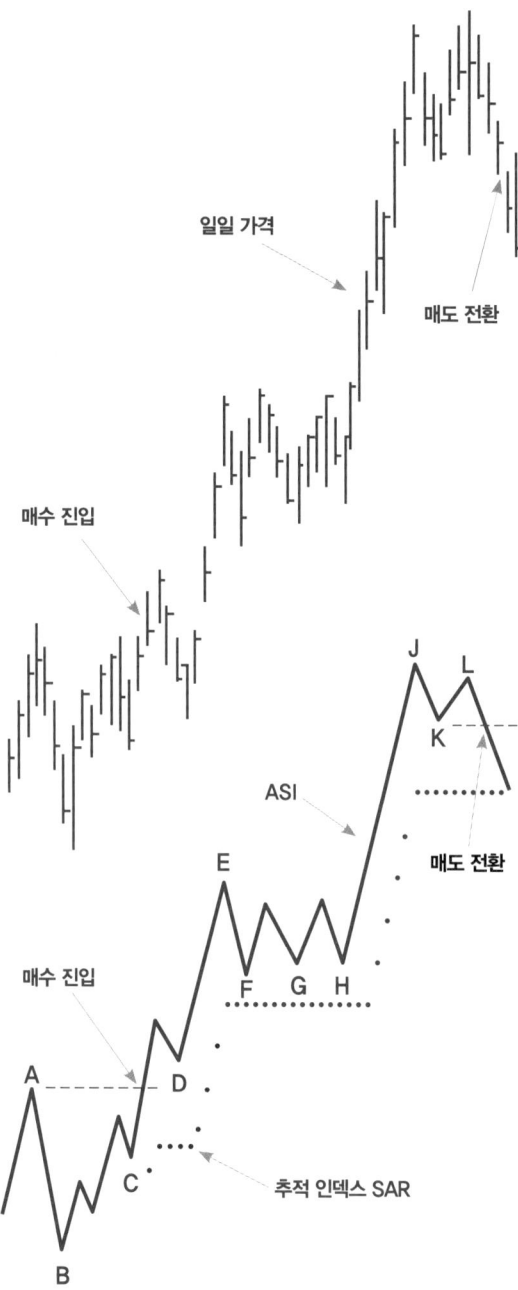

[그림 8.8]

는 상품 가격의 관점에서 60포인트가 **아니다.**

ASI가 중요한 고점인 A지점의 ASI를 초과할 때 맨 처음 매수 진입한다(그림 8.8 참조). 인덱스 SAR은 C점이다. 왜냐하면 60포인트 추적 인덱스 SAR보다 더 먼저 도달하는 정지점이기 때문이다. D점이 형성되면, 인덱스 SAR은 D가 된다.

시장이 사그라들 때 휩쓸리지 않기 위해 따라야만 하는 한 가지 더 중요한 규칙이 있다. *매수* 포지션이라면, 예시에서처럼 새로운 고점 이후 **첫 번째** 저점을 인덱스 SAR로 사용한다. 그런 다음 ASI가 **새로운 고점**을 형성할 때까지 인덱스 SAR을 이 지점으로 유지한다. 새로운 고점이 형성되면, 그 새로운 고점 다음에 오는 **첫 번째** 저점이 새로운 인덱스 SAR이 된다.

그림 8.8을 보면, ASI가 E에서 새로운 고점을 형성한 이후 첫 번째 저점은 F다. 이 지점이 정의되자마자 인덱스 SAR을 이 지점으로 하고, ASI가 새로운 고점을 만들기 전까지 이 지점에서 유지한다. J에서 새로운 고점이 형성된 다음 K 지점까지 하락했다. 새로운 고점이 형성될 때마다 60포인트 추적 인덱스 SAR이 수평이 된다는 사실에 주목하라. 이는 트레일링 스톱이 **항상** 가장 유리한 ASI 포인트에서 측정되기 때문이다. 60포인트 추적 인덱스 SAR은 언제나 정지 및 전환점이다.

K 지점은 새로운 고점이 형성된 이후 첫 번째 저점이다. 그 이후 ASI는 L까지 상승한 뒤 실패 스윙으로 끝난다. 이후에는 인덱스 SAR인 K 아래로 내려간다. 우리는 K에서 포지션을 전환하고 *매도*한다. 매도 포지션을 취한 이후, 인덱스 SAR은 이전의 고점인 L이 된다. 이 지점이 60포인트 추적 인덱스 SAR보다 더 가깝기 때문이다.

[그림 8.9]

이제 그림 8.9의 *매도* 거래를 살펴보자. ASI는 A에서 새로운 저점을 형성했다. 이 새로운 저점 이후에 만들어진 **첫 번째** 고점은 B이며, 이 점이 SAR이 된다. 이제 여기서부터 무슨 일이 일어나는지 살펴보자. ASI는 D점까지 하락한 뒤, E에서 **첫 번째** 고점이 형성된다. 그 이후 ASI는 F까지 쭉 하락했다가 다시 반등한다. E와 F 사이에 스윙 포인트가 형성되지 않았으므로, 60포인트 ASI 트레일링 스톱이 가장 가까운 인덱스 SAR이 된다. 우리는 트레일링 스톱에서 *매수* 포지션으로 전환한다.

이 (매수) 거래에서 새로운 고점은 G에서 형성되었다. **첫 번째** 저점은 H이며, 이는 ASI가 새로운 고점을 만들고 그 뒤로 첫 번째 저점이 형성될 때까지 인덱스 SAR로 유지된다. 이후의 인덱스 SAR은 새로운 고점이 형성된 이후 **첫 번째** 저점이다.

지금까지는 단순히 저점 및 고점으로 이 시스템을 설명했다. **모든** 스윙 포인트는 누적 스윙 인덱스$_{ASI}$가 만들어 낸 것이다. 워크시트로 이 시스템을 따를 때는 저점$_{Low\ Swing\ Point}$을 LSP로, 고점$_{High\ Swing\ Point}$을 HSP로 줄여서 칭했다. 이 약자는 각각 LSP와 HSP가 형성된 날의 SI 열 스윙 인덱스값 옆에 적혀 있다. 물론 발생 당일에는 스윙 포인트인지 아닌지 알 수 없고, 다음 날이 되어야만 알 수 있다.

이제 이 시스템의 개념을 이해했으니, 한 가지만 더 확실히 밝혀두면 된다. 바로 (스윙 인덱스에 의해 형성된) HSP, LSP 그리고 인덱스 SAR이 (가격이 만들어 내는) 실제 HIPs 및 LOPs과 어떤 관계가 있느냐다. 정확히 어떤 **가격**에 진입하고 청산할 것인지를 확실히 하기 위해서는 어떤 가격 포인트가 HSP, LSP 그리고 인덱스 SAR에 해당하는지 알아야 한다.

사실 우리는 매일 ASI 점들을 연결해 만든 선 위에서 거래하고 있다. 진입, 청산 그리고 전환 신호는 가격 수준에서 곧바로 얻어지는 것이 **아니다**. 이 **신호**들은 SI 방정식이 만들어 낸 스윙 인덱스 포인트로부터 온다.

일단 ASI에 의해 신호가 발생하면, 이 신호 지점을 가격 움직임 지점으로 전환해야 한다.

스윙 인덱스상의 HSP 및 LSP와 상응하는 가격 움직임 지점은 일일 가격이 만들어 내는 HIP와 LOP이다. (HIP와 LOP에 대해서는 이전에 정의하였다.)

HIP는 전일의 고가와 다음 날의 고가가 당일의 고가보다 낮은 경우, 그날의 고가다. LOP는 전일의 저가와 다음 날의 저가가 당일의 저가보다 높은 경우, 그날의 저가다.

일반적으로 HIP는 HSP와 같은 날 형성된다. 이 경우 HIP는 SAR이며, 단순히 당일 형성된 고가다. 만약 LSP와 저점이 같은 날 형성되면, 그날 형성된 저가인 LOP는

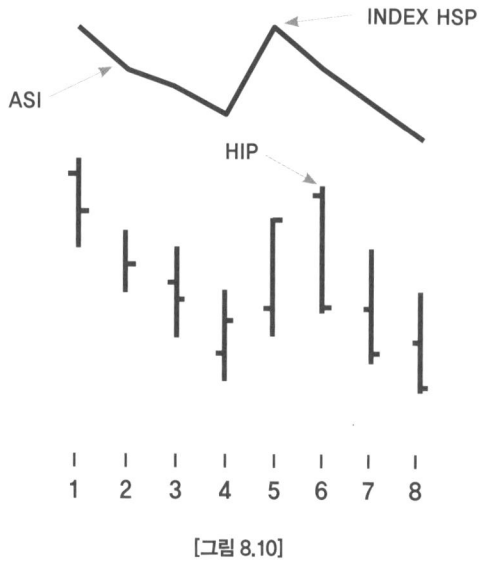

[그림 8.10]

SAR이 된다.

그림 8.10에서, HSP는 5일 차에 형성되었지만, HIP는 6일 차에 형성되었다. **가격이 5일 차보다 6일 차에 더 높았음에도 불구하고, 스윙 인덱스에서 6일 차는 음의 값을 가질 것이다.** 그도 그럴 것이 시가는 높고, 종가는 낮으며, 전일 종가보다 더 낮은 가격으로 마감하였기 때문이다.

그림 8.10에서 우리가 *매도* 포지션이라면, HSP에 상응하는 5일 차 고가보다는 6일 차 HIP를 SAR로 잡기를 원할 것이다.

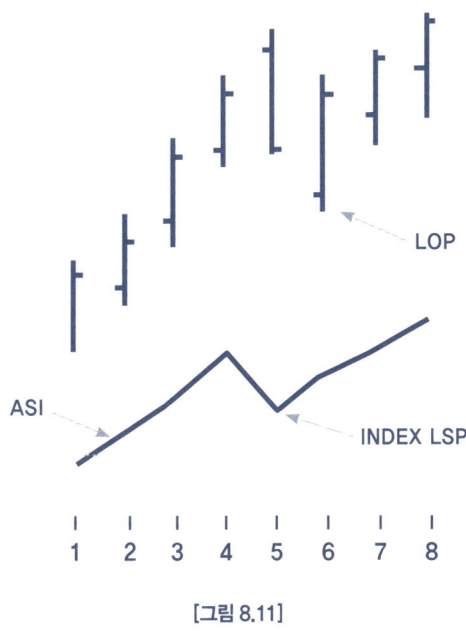

[그림 8.11]

그림 8.11에서 LOP는 6일 차에 형성되었지만, LSP는 5일 차에 형성되었다. HSP와 LSP가 (가격이 만들어 내는) HIP와 LOP를 하루 선행하는 것은 흔한 일이다.

그림 8.11에서 우리가 *매수* 포지션이라면, LSP는 5일 차에 발생했다 하더라도 6일 차에 형성된 LOP를 SAR로 잡기를 원할 것이다.

가격에 의해 형성되는 HIP가 HSP와 같은 날 발생하지 않는 한, HIP와 HSP 모두 고점이 형성된 이후에야 알아볼 수 있다. 그러나, 그림 8.10에서 우리가 *매도* 포지션이고, 6일 차의 장이 마감했다고 가정해 보자. 인덱스 HSP가 형성되었으나, 이에 상응하는 HIP가 없다. 브로커한테 7일 차 SAR로 무엇을 사용해 달라고 말해야 할까? 정답은 6일 차 고가다. **HSP 하루 뒤 HIP가 뒤따를 것으로 예상해야 한다.**

그림 8.11에서 우리가 *매수* 포지션이라면, 보이는 것처럼 LOP에도 똑같은 논리가 적용된다. SAR은 6일 차 저가다.

가장 가까운 SAR이 60포인트 추적 인덱스 SAR에 의해 결정된다고 가정해 보자. 그림 8.12에 보이는 것처럼, 장 마감 이후에 그날의 ASI를 계산해 보았더니, ASI 고점이 형성된 이후로 매수 포지션에 대해 누적 −65포인트가 되어 있는 것이다. 어떻게 해야 할까? **다음 날 시가에 포지션을 전환하지 않는다.** ASI보다 60포인트 떨어진 지점을 계산하기 시작한 이래 **가장 낮은 가격**을 SAR로 사용한다. 일반적으로 SAR은 **당일의 저가**다.

이 시스템을 이용하면서 발견한 사실은 −60포인트 혹은 그 이상의 포인트가 계산된 그날 발생한 저점을 지나치지 않고, 가격이 다음 날 방향을 전환해 새로운 고점을 달성하는 경우가 많았다는 것이다. 그리고 가격이 주문가 근처에 있는 경우에는 다음 날 장이 개시하고 5분이 지날 때까지 주문을 자제한다. 시장이 개시하자마자인 첫 5분과 마감할 때 마지막 5분은 무의미하게 넓은 폭으로 가격이 움직여 정지 주문이 발생할 가능성이 가장 큰 시기다. 개인적으로 주문이 실행 가격에 근접할 때, 시가

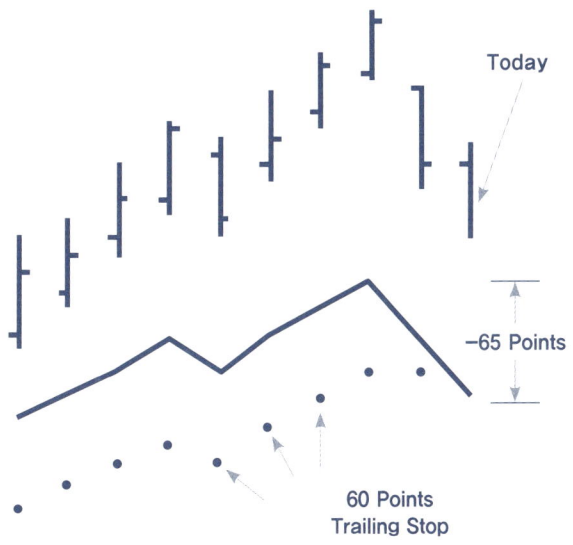

[그림 8.12]

에 "명중"하도록 시장에 빌미를 제공하는 것을 좋아하지 않는다. 가끔 시장 움직임이 주문가에 근접할 때는 장 종료 15분 전에 일반적인 "정지" 주문을 "종가에서만 정지" 주문으로 바꾸기도 한다.

다음에 살펴볼 내용은 스윙 인덱스 시스템의 정의와 규칙이다. 그런 다음 워크시트의 예제와 그에 대한 설명을 보도록 하자.

정의

HSPHigh Swing Point: HSP는 누적 스윙 인덱스ASI에 의해 정의되며, 특정일의 ASI 수치가 전날 및 다음 날의 ASI 수치보다 높은 경우를 의미한다.

LSPLow Swing Point: LSP는 누적 스윙 인덱스에 의해 정의되며, 특정일의 ASI 수치가 전날 및 다음 날의 ASI 수치보다 낮;은 경우를 의미한다.

SISwing Index: SI 수치는 특정일에 대해 스윙 인덱스 방정식을 통해 계산된다.

ASIAccumulative Swing Index: 특정일의 ASI 수치는 그날의 SI 수치를 전날의 ASI 수치에 더하거나 빼서 구한다.

인덱스 SAR: 스윙 포인트에 의해 발생한 ASI의 정지 및 전환점.

SAR: 가격에 적용되는 정지 및 전환점.

추적 인덱스 SAR: 거래 중 ASI 수치가 가장 유리한 ASI 수치에서 60 ASI 포인트 떨어져 있는 경우.

규칙
스윙 인덱스 시스템

최초 진입

A. ASI가 이전의 중요한 HSP를 교차해 **상승**할 때 *매수* 진입

B. ASI가 이전의 중요한 LSP를 교차해 **하락**할 때 *매도* 진입

인덱스 정지 및 전환점~SAR~

A. *매수* 포지션일 때

　(1) *매수* 전환한 직후의 SAR은 이전의 LSP이다.

　(2) 그러므로, SAR은 해당 거래에서 새로운 HSP가 만들어진 이후 **첫 번째** LSP이다.

B. *매도* 포지션일 때

　(1) *매도* 전환한 직후의 SAR은 이전의 HSP이다.

　(2) 그러므로, SAR은 해당 거래에서 새로운 LSP가 만들어진 이후 **첫 번째** HSP이다.

인덱스 추적 정지 및 전환점~SAR~

A. *매수* 포지션일 때: SAR은 가장 높은 HSP를 달성한 날과 ASI가 60포인트 이상 감소한 날 사이의 저가 중 **가장 낮은 저가**다.

B. *매도* 포지션일 때: SAR은 가장 낮은 LSP를 달성한 날과 ASI가 60포인트 이상

증가한 날 사이의 고가 중 **가장 높은 고가다**.

주의: 규칙은 ASI의 관점에서만 설명되었으므로, 본문에서 설명한 것처럼 반드시 프라이스 액션 포인트로 변환해야 한다.

일일 워크시트

스윙 인덱스 시스템

일자	시가	고가	저가	종가	(1) H_2-C_1	(2) L_2-C_1	(3) H_2-L_2	(4) C_1-O_1	(5) C_2-C_1	(6) C_2-O_2	(7) C_1-O_1	(8) N	
					절댓값 사용				+ 혹은 − 부호 사용				
1	40.50	42.00	40.00	41.50									
2	42.00	44.00	42.00	43.00	2.50	0.50	2.00	1.00	1.50	1.00	1.00	2.25	
3	42.80	43.50	41.50	42.00	0.50	1.50	2.00	1.00	−1.00	−0.80	1.00	−1.15	
4	41.70	43.00	41.70	42.90									
5	43.00	44.00	42.30	43.50									
6	44.50	(46.00)	44.00	45.80									
7	44.80	45.00	(43.00)	43.50									
8	43.00	44.00	(43.00)	44.50									
9	44.70	45.70	44.50	45.00	1.20	0	1.20	1.50	0.50	0.30	1.50	1.03	
10	45.00	46.00	44.90	46.00	1.00	0.10	1.10	0.30	1.00	1.00	0.30	1.58	
11	45.80	47.50	45.50	47.20	1.50	0.50	2.00	1.00	1.20	1.40	1.00	2.15	
12	47.00	47.50	45.80	46.00	0.30	1.40	1.70	1.40	−1.20	−1.00	1.40	−1.35	
13	46.20	46.20	(45.00)	45.50	0.20	1.00	1.20	1.00	−0.50	−0.70	−1.00	−1.10	
14	45.80	47.70	45.50	47.50	2.20	0	2.20	0.70	2.00	1.70	−0.70	2.67	
15	48.50	50.00	48.40	49.80	2.50	0.90	1.60	1.70	2.30	1.30	1.70	3.38	
16	50.00	52.80	50.00	52.80	3.00	0.20	2.80	1.30	3.00	2.80	1.30	4.73	
17	55.80	55.80	55.80	55.80	3.00	3.00	0	2.80	3.00	0	2.80	3.70	실제 계산하였을 때의 값은 1.80이나 이후 ASI값에 영향을 주어 원문을 그대로 옮겼다—역주
18	58.80	58.80	58.80	58.80	3.00	3.00	0	0	3.00	0	0	3.00	
19	61.80	(61.80)	59.00	59.50	3.00	0.20	2.80	0	0.70	−2.30	0	−0.45	
20	60.00	60.00	(56.50)	57.00	0.50	3.00	3.50	2.30	−2.50	−3.00	−2.30	−4.58	
21	57.50	58.00	55.00	55.00	1.00	2.00	3.00	3.00	−2.00	−2.50	−3.00	−4.00	
22	54.00	57.00	54.00	56.50	2.00	1.00	3.00	2.50	1.50	2.50	−2.50	2.12	
23	57.00	(57.50)	54.70	54.80	1.00	2.00	3.00	2.50	−1.70	−2.20	2.50	−2.17	실제 계산하였을 때의 값은 2.80이나 이후 ASI값에 영향을 주어 원문을 그대로 옮겼다—역주
24	54.50	55.50	54.00	55.00	0.70	0.80	1.50	2.20	0.20	0.50	−2.20	−0.10	
25	54.50	(55.00)	53.00	54.00	0	2.00	2.00	0.50	−1.00	−0.50	0.50	−1.12	
26	54.00	55.00	54.00	54.50	1.00	0	1.00	0.50	0.50	0.50	−0.50	0.62	
27	55.00	55.00	(53.00)	53.20	0.50	1.50	2.00	0.50	−1.30	−1.80	0.50	−2.07	
28	53.80	56.80	53.80	56.00	3.60	0.60	3.00	1.80	2.80	2.20	−1.80	3.45	
29	56.50	59.00	56.00	59.00	3.00	0	3.00	2.20	3.00	2.50	2.20	4.80	
30	62.00	62.00	(59.00)	59.20	3.00	0	3.00	2.50	0.20	−2.80	2.50	−0.57	
31	59.50	(61.50)	(59.00)	60.00	2.30	0.20	2.50	2.80	0.80	0.50	−2.80	0.35	
32	59.50	59.80	58.50	59.00	0.20	1.50	1.30	0.50	−1.00	−0.50	0.50	−1.12	
33	58.50	59.00	57.00	57.20	0	2.00	2.00	0.50	−1.80	−1.30	−0.50	−2.58	
34	57.00	(58.50)	56.50	57.50	1.30	0.70	2.00	1.30	0.30	0.50	−1.30	0.22	
35	57.00	57.50	55.00	55.00	0	2.50	2.50	0.50	−2.50	−2.00	0.50	−3.37	
36	54.00	54.00	52.00	52.00	1.00	3.00	2.00	2.00	−3.00	−2.00	−2.00	−4.50	
37	50.00	52.50	50.00	52.00	0.50	2.00	2.50	2.00	0	2.00	−2.00	0.50	
38	52.00	(55.00)	51.00	54.50	3.00	1.00	4.00	2.00	2.50	2.50	2.00	4.25	
39	54.00	54.50	52.00	52.50	0	2.50	2.50	2.50	−2.00	−1.50	2.50	−2.12	
40	53.00	54.20	53.00	53.20	1.70	0.50	1.20	1.50	0.70	0.20	−1.50	0.42	
41	53.50	53.80	52.00	52.50	0.60	1.20	1.80	0.20	−0.70	−1.00	0.20	−1.15	
42	52.00	54.00	51.80	53.80	1.50	0.70	2.20	1.00	1.30	1.80	−1.00	1.95	
43	54.00	54.00	51.00	51.50	0.20	2.80	3.00	1.80	−2.30	−2.50	1.80	−3.10	
44	51.00	(52.50)	50.00	52.50	1.00	1.50	2.50	2.50	1.00	1.50	−2.50	1.12	
45	52.00	52.00	(49.00)	51.00	0.50	3.50	3.00	1.50	−1.50	−1.00	1.50	−1.62	
46	51.00	53.00	49.80	52.80	2.00	1.20	3.20	1.00	1.80	1.80	−1.00	2.45	
47	52.40	54.20	52.00	54.00	1.40	0.80	2.20	1.80	1.20	1.60	1.80	2.45	

$$(\#8) = (\#5) + \frac{1}{2}(\#6) + \frac{1}{4}(\#7)$$

\#9열 = \#1열과 \#2열 중 큰 값

\#1열이 제일 클 경우, $(\#10) = (\#1) - \frac{1}{2}(\#2) + \frac{1}{4}(\#4)$

\#2열이 제일 클 경우, $(\#10) = (\#2) - \frac{1}{2}(\#1) + \frac{1}{4}(\#4)$

\#3열이 제일 클 경우, $(\#10) = (\#3) + \frac{1}{4}(\#4)$

\#11열 = 한도

$(\#12) = 50 \times (\#8) \div (\#10) \times (\#11)$

(9) K	(10) R	(11) L	(12) SI	(13) ASI	SAR	조치 및 주문	손익	누적 손익
2.50	2.50	3.00	37	37				
1.50	2.25	3.00	−13 / LSP	24				
		3.00	15	39				
		3.00	11	50				
		3.00	54 / HSP	(104)				
		3.00	−45 / LSP	59				
		3.00	15	74				
1.20	1.58	3.00	13	87				
1.00	1.18	3.00	22	109				
1.50	2.25	3.00	24 / HSP	133	43.00	매수 − 46.05		
1.40	2.05	3.00	−16	117	43.00			
1.00	1.45	3.00	−13 / LSP	(104)	43.00			
2.20	2.38	3.00	41	145	45.00			
2.50	2.48	3.00	57	202	45.00			
3.00	3.23	3.00	73	275	45.00			
3.00	2.20	3.00	84	359	45.00			
3.00	1.50	3.00	100 / HSP	459	45.00			
3.00	2.90	3.00	−8	451	45.00			
3.00	4.08	3.00	−56 / −8과 −56을 더하면 −64이다.	395	56.50			
2.00	3.75	3.00	−36 / LSP	359	61.80	매도 − 56.45	+10.40	
2.00	3.63	3.00	20 / HSP	379	61.80			
2.00	3.63	3.00	−20	359	57.50			
0.80	2.05	3.00	−1	358	57.50			
2.00	2.13	3.00	−18 / LSP	340	57.50			
1.00	1.13	3.00	9 / HSP	(349)	57.50			
1.50	2.13	3.00	−25 / LSP	324	55.00			
3.60	3.75	3.00	55	379	53.00	매수 − 55.05	+1.40	+11.80
3.00	3.55	3.00	68 / HSP	447	53.00			
3.00	3.63	3.00	−8 / LSP	439	53.00			
2.30	3.20	3.00	4 / HSP	(443)	59.00			
1.50	1.53	3.00	−19	424	61.50	매도 − 58.95	+3.90	+15.70
2.00	2.13	3.00	−41 / LSP	383	61.50			
1.30	2.33	3.00	2 / HSP	(385)	61.50			
2.50	2.63	3.00	−53	332	58.50			
3.00	3.00	3.00	−75 / LSP	257	58.50			
2.00	3.00	3.00	6	263	58.50			
3.00	4.50	3.00	47 / HSP	(310)	58.50			
2.50	3.13	3.00	−28 / LSP	282	55.00			
1.70	1.83	3.00	7 / HSP	(289)	55.00			
1.20	1.85	3.00	−13 / LSP	276	55.00			
1.50	2.45	3.00	20 / HSP	296	55.00			
2.80	3.45	3.00	−42 / LSP	254	55.00			
1.50	3.13	3.00	9 / HSP	(263)	55.00			
3.50	3.62	3.00	−27 / LSP	236	52.50			
2.00	3.45	3.00	24	260	49.00	매수 − 52.55	+6.40	+22.10
1.40	2.65	3.00	22	282	49.00			

실제 계산하였을 때의 값은 9이나 이후 ASI값에 영향을 주어 원문을 그대로 옮겼다—역주

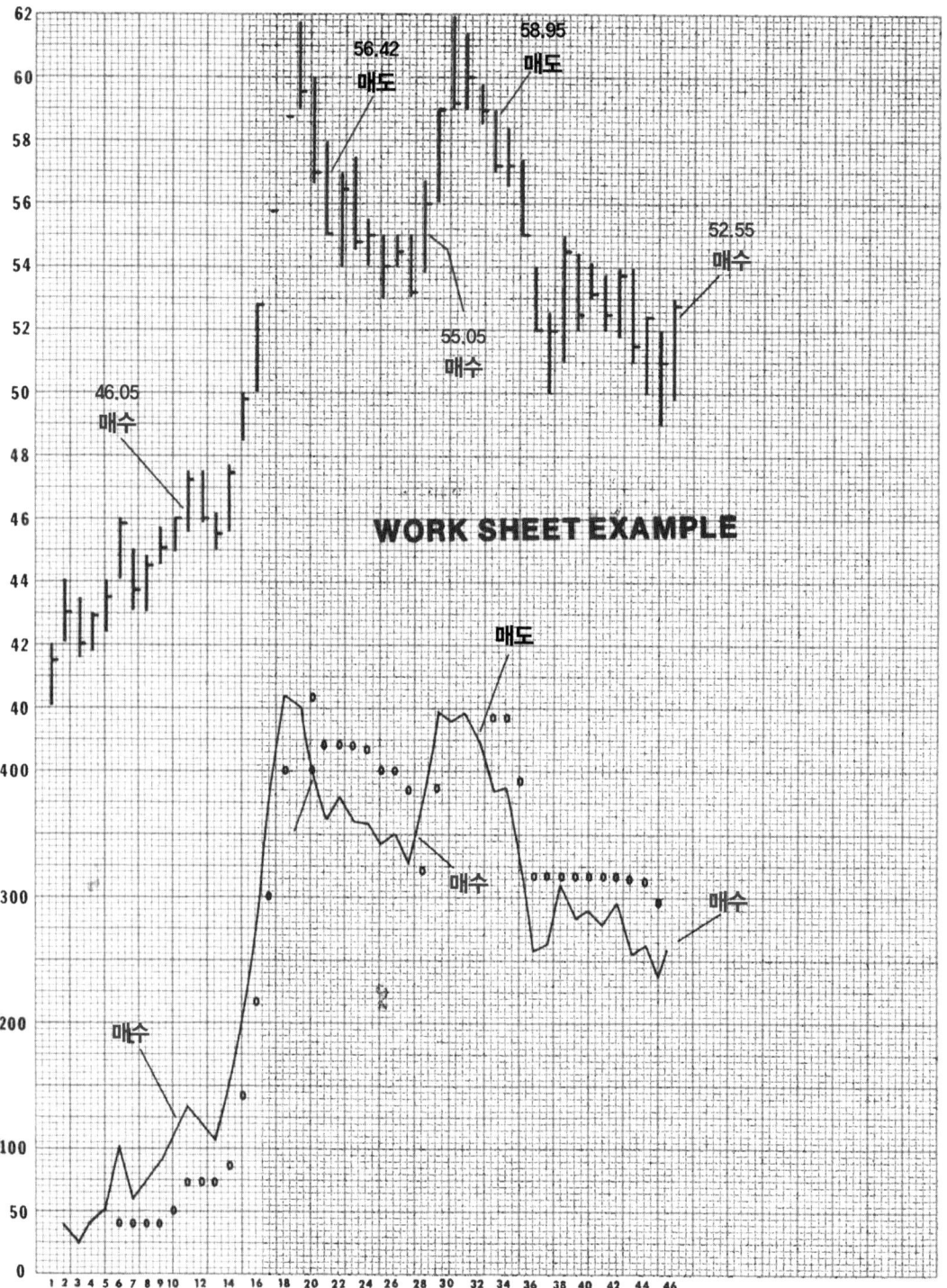

워크시트 예제

스윙 인덱스 시스템

10일 차: 이전의 중요한 HSP는 6일 차에 형성된 104(#13열)였다. HIP인 46.00도 6일 차에 형성되었다. 10일 차에 ASI는 처음으로 104를 넘어선다. 따라서 11일 차에 (46.00에서 살짝 높인) 46.05에 매수 진입한다. 진입 시 정지점은 이전의 LSP가 만들어진 날과 같은 날인 7일 차에 형성된 최저가, 즉 LOP인 43.00이다.

14일 차: ASI의 새로운 고점인 133이 형성된 이후 **첫 번째** LSP가 형성되었다. ASI가 LSP를 형성한 같은 날 가격이 LOP를 형성했다는 사실에 주목하라. 따라서 14일 차의 SAR은 13일 차에 형성된 저가 45.00이다. 이후로 가격은 쭉 상승해 19일 차에는 61.80에 도달한다.

20일 차: 아직 ASI가 만들어 낸 고점 459 이후 LSP가 형성되기 전인데, ASI는 총 64포인트가 떨어졌다. 이는 추적 인덱스 SAR을 작동시킨다. (해당 거래 중) ASI 고점이 형성된 날과 20일 장이 마감하기 전까지의 기간 중 달성한 가장 낮은 저가는 일반적으로(앞에서 추적 인덱스 SAR에 따를 때, SAR은 (매수 포지션에서) 당일의 저가라고 언급한 적이 있다. -역주) 20일 차의 **저가**다. 따라서 우리는 21일 차 SAR에 해당 값을 살짝 낮춘 가격인 56.45로 저는다.

21일 차: 가격이 SAR인 56.45에 이르렀으므로 56.45에 *매도*한다. 새로운 SAR인 이전의 HSP는 19일 차에 만들어진 HIP 61.80이다. (일반적으로 HSP는 HIP와 같은 날 형성되지만, HSP는 HIP를 하루 선행하는 경향이 있으며, 이 경우 저자는 HSP 다음 날 형성된 HIP를 SAR로 잡는 게 유리하다고 설명하였다. (그림 8.10에 대한 설명 참고) -역주)

23일 차: 22일 차에 HSP가 형성되었음을 알 수 있게 되었다. 하지만 HIP는 23일 차에는 아직 알 수 없다. 따라서 HSP가 HIP를 하루 선행한다는 가정하에 23일에 형성된 HIP를 SAR로 사용한다. ASI에 의해 새로운 LSP가 만들어진 21일 이후 **첫 번째** HSP는 22일 차의 HSP이다. 따라서 SAR은 57.50에서 살짝 높인 가격에서 정해진다.

27일 차: 25일에 ASI는 새로운 저점인 340을 찍었다. 이후 26일 차에 첫 번째 HSP가 형성되었다는 사실을 이제 알 수 있다. 26일 차와 27일 차의 HIP는 55.00으로 같으므로, 55.00이 새로운 SAR이 된다.

28일 차: 가격이 SAR을 지났기 때문에 55.05에 매수한다. 새로운 SAR은 27일 차에 형성된 이전의 LSP에 상응하는 LOP이다. 따라서 SAR은 53.00이다.

31일 차: 29일 차에 447이라는 새로운 고점, HSP가 형성된 이후로 첫 번째 LSP는 31일 차에 알 수 있게 된다. 이 LSP에 대응하는 SAR은 59.00이다.

32일 차: 58.95에 *매도*한다. SAR은 이전의 HSP와 상응하는 값인 61.50이다.

35일 차: 33일 차에 ASI는 해당 거래에서 새로운 저점인 383을 형성하였다. 이후 방향을 틀어 34일 차에는 첫 번째 HSP인 385를 형성했다. 35일 차가 되자 HSP가 형성되었음을 알 수 있게 되었으며, 이에 상응하는 SAR은 58.50이다.

39일 차: 36일 차에 ASI는 해당 거래에서 새로운 저점인 257이 되었다. 이후 38일 차에 첫 번째 HSP가 형성되었음을 알 수 있게 되었다.

41일 차: 40일 차에 HSP가 형성되었음을 알 수 있다. 그러나 해당 거래에서 ASI가 만들어 낸 새로운 저점 이후에 발생한 것이 아니기 때문에, SAR은 계속해서 55.00이다.

42일 차: ASI는 296으로 289였던 이전의 HSP보다 높아졌다. 그러나 ASI가 저점 257 이후 만들어 낸 **첫 번째** 고점 310을 돌파하기 전까지는 어떠한 조치도 취하지 않는다.

45일 차: 43일 차에 ASI는 해당 거래의 새로운 저점인 254를 달성했다. 이 새로운 저점 이후에 형성된 **첫 번째** 고점은 45일 차에 확인된다. SAR은 44일 차의 HIP인 52.50이다.

46일 차: 52.55에 *매수*한다. 새로운 SAR은 45일에 형성된 이전 LSP에 상응하는 LOP인 49.00이다.

이 시스템은 평균 방향성 지수 등급(Average Directional Movement Index Rating, ADXR)이 높은 경우에 가장 잘 작동한다. 이 시스템과 함께 사용하면 좋은 전략은 두 번 연속 손실이 발생했을 경우 단순히 거래를 중지한 다음, 다음 진입점을 이용해 거래를 재개하는 것이다.

다음은 이 시스템을 이용해 1년 동안 코코아를 거래할 때의 차트를 나타낸 것이다.

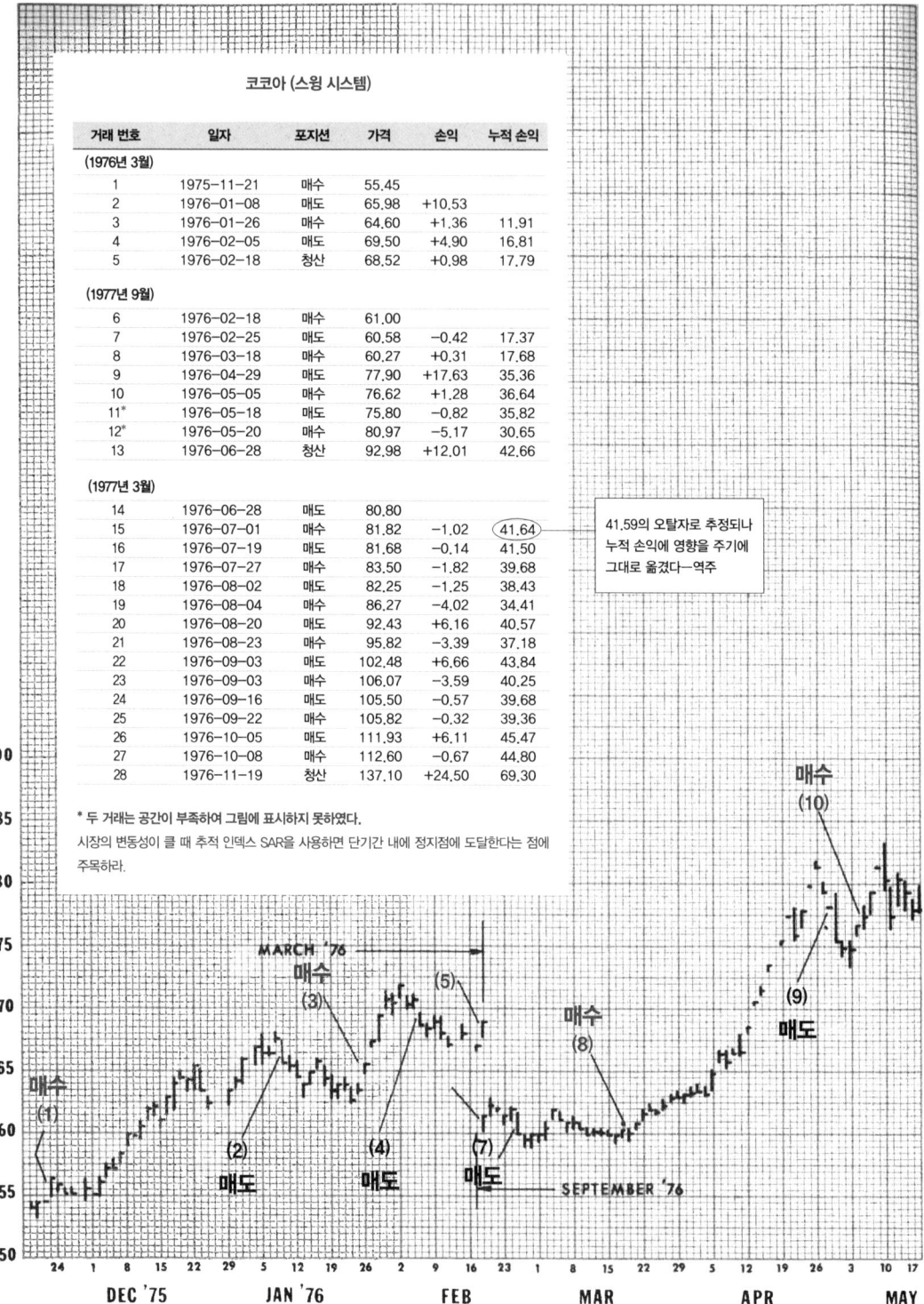

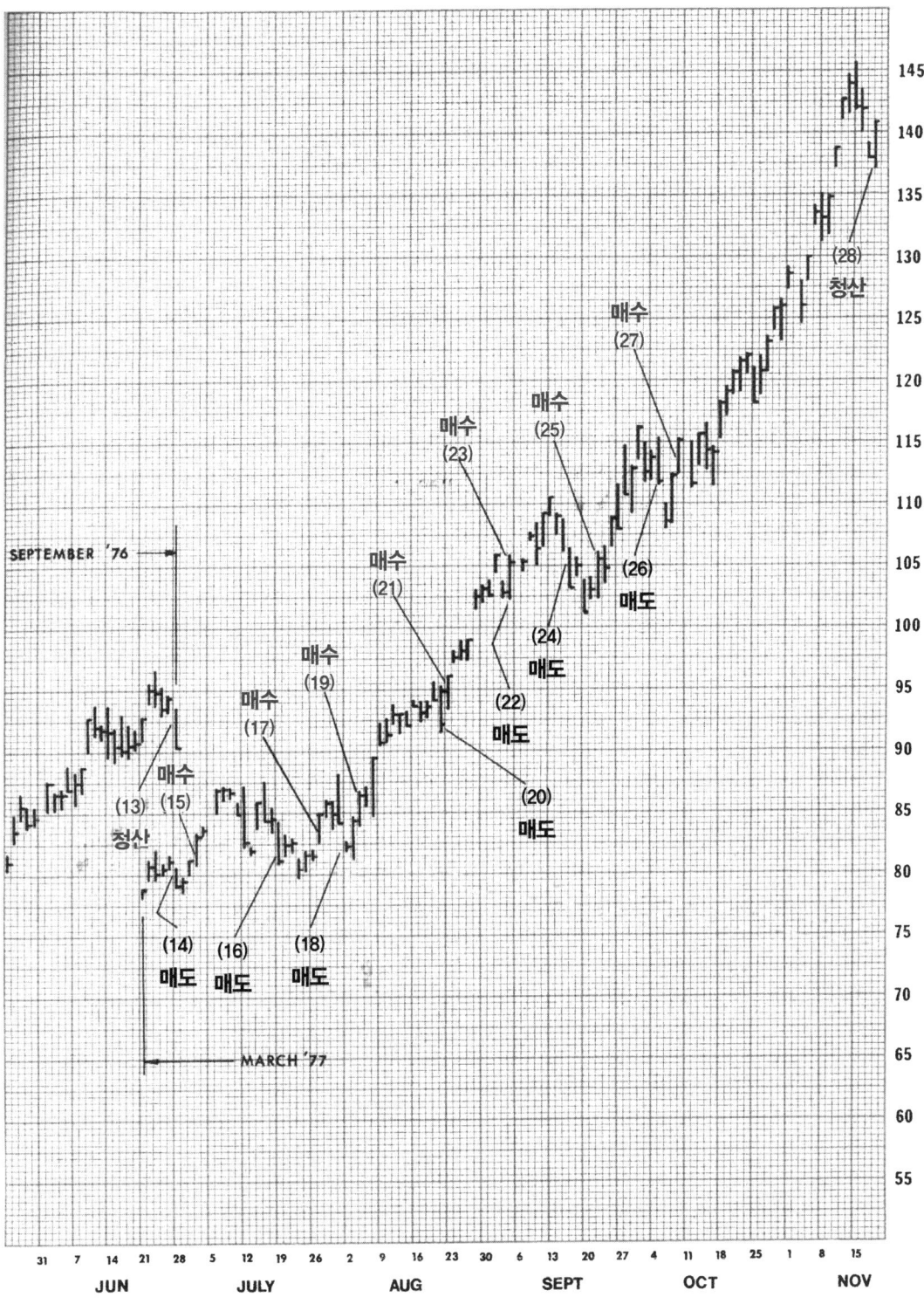

PART 9

상품 선택 지수

3장에서 우리는 가장 변동성이 높은 주식이나 상품의 등급을 매기는 방법에 대해 논했다.

4장에서는 같은 주식이나 상품을 방향성 움직임과 관련해 평가하는 방법을 배웠다.

변동성은 움직임의 지표이기도 하다. 역설적인 점은, 변동성은 항상 움직임에 의해 발생하지만, 모든 움직임이 변동성을 의미하는 것은 아니라는 점이다. 상품(가격)은 매우 느리게 상승할 수 있으며, 평균 방향성 지수 등급 ADXR, Average Directional Movement Index Rating 은 높지만, 변동성 지수는 낮을 수 있다.

이러한 이유로, 추세 추종 시스템에 사용되는 가장 중요한 지수는 ADXR이다. 그러나 일반적으로 주식이나 상품의 변동성이 높은 시기에 수익을 가장 단기간에 실현할 수 있다. 변동성 있는 시장으로부터의 위험을 회피하고자 하는 사람은 항시 ADXR을 주시하면서 자신의 투자 성향과 주머니 사정에 맞게 이 값이 큰 축에 있는 상품들을 거래해야 한다.

상당한 자본을 소유하고 있으며 전반적으로 가장 좋은 상황을 찾고자 사람들을 위해, 상품 선택 지수Commodity Selection Index, CSI 방정식은 다음과 같은 요소들을 전부 포괄하고 있다.

(1) **방향성 움직임**
(2) **변동성**
(3) **증거금 요구사항**Margin Requirement
(3) **수수료 비용**

위 요소들은 위에 열거된 순서대로 개별적인 가중치가 부여된다. 다음은 상품 선택 지수 방정식이다.

$$CSI = ADXR \times ATR_{14} \left[\frac{V}{\sqrt{M}} \times \frac{1}{150 + C} \right] 100$$

이때,

$ADXR$Average Directional Movement Index Rating = 평균 방향성 지수 등급

ATR_{14} = 14일 평균 실제 범위

V = 1센트 움직임의 가치(또는 ATR_{14}의 달러 단위 최소 증분값)

M = 달러 단위 증거금 요구사항 $\sqrt{M}$ = M의 제곱근

C = 달러 단위 수수료 비용

주의: $\frac{1}{150 + C}$ 항의 결괏값은 반드시 소수점 **네 자리**까지 포함되어야 한다.

이제 예제를 살펴보자. 두 종류의 상품에 대한 각각의 요소들이 다음과 같다고 가정하자.

	ADXR	ATR₁₄	M	C	V
콩	50	15센트	$3,000	$45	$50
돼지고기	37	1.7센트	$1,500	$60	$360

콩을 방정식에 대입해 보면,

$$CSI = 50 \times 15.00 \left[\frac{50}{\sqrt{3000}} \times \frac{1}{150 + 45} \right] 100$$

$$= 50 \times 15.00 \left[\frac{50}{54.77} \times \frac{1}{195} \right] 100$$

$$= 50 \times 15.00 \times 0.91 \times 0.0051 \times 100$$

$$= 348 (콩)$$

돼지고기를 방정식에 대입해 보면,

$$CSI = 37 \times 1.70 \left[\frac{360}{\sqrt{1500}} \times \frac{1}{150 + 60} \right] 100$$

$$= 37 \times 1.70 \left[\frac{360}{38.73} \times \frac{1}{210} \right] 100$$

$$= 37 \times 1.70 \times 9.30 \times 0.0048 \times 100$$

$$= 280 (돼지고기)$$

그러므로, 둘 중에서 콩이 더 높은 등급을 갖는다.

이제 CSI 방정식을 다시 들여다보면서 더 단순화할 방법이 있는지 찾아보자.

대괄호 안의 수치들은 모두 증거금 수준과 수수료 비용이 변하지 않는 한 **일정하**

다. 100 또한 상수다.

이 모든 상수를 "K"로 치환하면, 방정식은 다음과 같이 새로이 탄생한다.

$$CSI = ADXR \times ATR_{14} \times K$$

따라서 분석하는 각각의 상품에 대해 "K"를 한 번만 계산해 두었다가 매일 ADXR과 ATR_{14}에 곱하면 그날의 CSI를 구할 수 있다. 증거금 요구사항이나 수수료 비율이 변했을 때만 K를 재계산하면 된다.

콩에 대한 이전의 CSI 방정식에서,

$$CSI = 50 \times 15.00 \left[\frac{50}{\sqrt{3000}} \times \frac{1}{150 + 45} \right] 100$$

$$K = \left[\frac{50}{\sqrt{3000}} \times \frac{1}{150 + 45} \right] 100$$

$$= 0.91 \times 0.0051 \times 100$$

$$= 0.4641$$

이에 따라,

$$CSI = ADXR \times ATR_{14} \times K$$

$$= 50 \times 15 \times 0.4641$$

$$= 348$$

돼지고기에 대한 방정식에서는,

$$K = \left[\frac{360}{\sqrt{1500}} \times \frac{1}{150+60}\right] 100$$

$$= 9.30 \times 0.0048 \times 100$$

$$= 4.464$$

이에 따라,

$$CSI = ADXR \times ATR_{14} \times K$$

$$= 37 \times 1.70 \times 4.464$$

$$= 280$$

방향성 지수 워크시트에서 마지막 3개 열은 각각 ADXR, ATR_{14} 그리고 CSI이다. 그 3개 열 위에는 K를 위한 빈칸이 마련되어 있다. 방향성 지수 워크시트에 이미 계산된 값들과 K를 이용해 매일의 CSI를 계산할 수 있다.

ADXR은 방향성 챕터에서 설명한 것처럼, 가장 최근의 ADX에 14일 전의 ADX를 더한 뒤 이를 2로 나눈 값이다.

ATR_{14}는 ATR 열의 값을 14로 나눈 값이다.

특정일의 CSI를 구하기 위해서는 단순히 ADXR, ATR_{14}, K를 곱하면 되고, 이 값을 CSI 열에 적는다.

이제 극단적인 예제를 살펴보자. 커피의 ADXR이 70으로 가장 높고, ATR_{14}은 3.75 센트였다고 하자.

$375.00에서 1센트 움직일 때, 일 평균 달러 단위 움직임은 3.75×375=$1,406.25이다. 지금까지는 나쁘지 않은 듯하다. 그러나 증거금 요구사항이 계약당 $9,000이고 수수료가 $85.00일 경우, 커피와 이전 예제에서의 콩을 어떻게 비교할 수 있을까? 요소들은 다음과 같다.

	ADXR	ATR$_{14}$	M	C	V
콩	50	15센트	$3,000	$45	$50
커피	70	3.75센트	$9,000	$85	$375

커피의 경우,

$$CSI = 70 \times 3.75 \left[\frac{375}{\sqrt{9000}} \times \frac{1}{150 + 85} \right] 100$$

$$= 70 \times 3.75 \left[\frac{375}{94.87} \times \frac{1}{235} \right] 100$$

$$= 70 \times 3.75 \times 3.95 \times 0.0043 \times 100$$

$$= 318(커피)$$

콩의 CSI는 348이었다. 따라서 콩이 전반적으로 더 괜찮은 상품이다. 이제 콩의 상황에 대해 분석해 보자.

평균 실제 범위$_{ATR_{14}}$는 15센트이며, 15×50.00=750으로, 일일 평균 달러 움직임은 $750이다. 이는 커피의 절반 수준에 불과하며, 여기에 더해 콩은 커피에 비해 방향성 움직임도 적다.

CSI 방정식이 어떤 역할을 하는지 알려 주기 위해, 두 가지 일반적인 가정을 해 보겠다. 커피와 콩 모두 거래한다고 가정해 보자.

(1) 커피의 ADXR이 70이므로, 커피의 움직임 중 70%를 얻는다고 가정한다. 같은 이유로 콩의 움직임에 대해서는 50%를 얻는다고 가정한다.
(2) 각각의 상품을 10일 동안 거래한다고 가정하면, 각 상품에 같은 기간 동안 자금이 묶여 있는 것이다.

커피의 경우,

매일 $1,406.25씩 10일 × 70% = $9,843.75
수수료 비용   85.00
손익 $9,758.75

콩의 경우,

매일 $750씩 10일 = $3,750.00
수수료 비용   45.00
손익 $3,705.00

그러나 증거금 요구사항이 다르므로, 커피를 한 단위 계약할 때 콩은 세 단위로 계약할 수 있다. 따라서, 3×$3,705=$11,115가 된다.

콩 거래로 인한 손익은 $11,115.00
커피 거래로 인한 손익은 $9,758.75

콩의 CIS는   348

커피의 CIS는 318

30 ÷ 318 = 9%

CSI는 콩이 커피에 비해 9% 더 좋은 상품이라는 것을 말해 준다. 실제로 이 예제에서 콩은 커피에 비해 13.9% 더 좋은 상품이다.

$11,115.00

−9,758.75

$1,356.25 ÷ 9,758.75 = 13.9%

여기에서 다루고 있는 내용이 엄밀한 과학은 아니라는 점은 알고 있다. 증거금 요구사항이 정해져 있지 않을 수도 있고, 변동성이나 방향성 또는 기타 변수와 일관된 관계를 유지하도록 설정되지 않을 수도 있다. 그러나 증거금 요구사항과 변동성 및 방향성 사이에는 일관되지는 않더라도 직접적인 관계가 존재한다. CSI 방정식은 이러한 요인들을 거듭 분석하여 가장 이익이 되는 상황이 어떤 것인지 알려준다.

일반적으로 증거금 요구사항은 시장 움직임에 후행한다. 느리게 상승하거나 느리게 하락한다. 상품 선택 지수는 이러한 시점 차이를 이용해 투자자들이 투자자금으로 가장 최적의 이익을 얻도록 돕는다.

기술 분석 시스템 대부분은 추세 추종 시스템이다. 그러나 대다수 상품이 적당한 추세 모드(높은 방향성 움직임)에 있는 기간은 고작해야 30% 정도다. 항상 같은 상품이나 주식을 거래하는 트레이더가 있다면, 이 트레이더가 이용하는 시스템이 돈 벌기 좋은 기간은 30%에 불과하다는 뜻이다. 그러면 그 사람은 70%의 시간을 허비하는 셈이다. 이 방식을 CSI 척도에서 상위 대여섯 개의 상품을 거래하는 전략과 비교해 보라. 이것이 근본적인 개념이자, 이 책을 쓴 이유다.

PART 10

자산 관리

이 책이 전달하는 메시지는 훌륭한 트레이딩 플래닝에는 세 가지 요소가 있다는 것이다.

    (1) 좋은 기술 분석 시스템을 사용하는 것.
    (2) 해당 시스템을 적절한 시기에 적절한 시장에서 이용하는 것.
    (3) 좋은 자본 관리 기법을 사용하는 것.

    이 세 가지 중 세 번째가 가장 중요하고 배우기 쉽지만, 실천하기는 가장 어려운 항목이다.

    실천이 어려운 이유는 대다수가 한 번쯤 달걀을 한 바구니에 담았다가 운 좋게 어마어마한 수익을 낸 경험이 있기 때문이다. 이런 일이 발생하면 대개 이중적인 결과를 낳는다. 첫째, 우리의 자아가 고취되고 자신감이 상승해 적어도 한 번은 더 이런 수익을 낼 수 있으리라고 생각하게 된다. 둘째, 너무나 단기간에 수익이 발생하기 때문에 수익을 달성하는 데 수년이 걸린다고 생각하지 못하게 된다.

    내가 아는 가장 똑똑한 사업가 한 사람은 말 한 마리, 직접 만든 제재소가 전부인 채 시작했다. 초등학교 4학년 수준의 교육만 받은 사람이었다. 몇 년이 흐른 뒤 그는 토지와 목재를 다루는 백만장자가 되었다. 그는 내게 잊을 수 없는 말을 남겼다. "여러분, 엄청나게 큰 수익을 빠르게 달성하면, 그 돈을 가지고 있는데 익숙해져야만 합니다. 여섯 달 동안은 그 돈으로 아무것도 하지 마세요. 때가 되면, 그 돈을 가지고 있는 것에 익숙해져서 그 돈을 신중하게 사용하게 될 겁니다."

이 사람은 많은 사람이 결코 배우지 못하는 뭔가를 배운 것이다.

내 자산 관리법을 두 문장으로 요약하면 다음과 같다.

(1) **총자산의 15% 이상을 한 상품에 투자하지 말라.**
(2) **항상 총자산의 60% 이상을 투자하지 말라.**

이 한도가 규칙이다. 나는 CSI 상위 6개 상품에 투자하는 것을 선호하는데, 각 상품에 대한 투자 금액이 총자산의 10%를 넘지 않도록 한다. 나는 이 기준을 내 계좌뿐만 아니라 내가 관리하는 계좌들에도 적용한다.

한 가지 더 알려 주고 싶은 개념이 있다. 새로운 개념은 아니고 오래된 개념이다. 페니키아인들이 로마인들 및 그리스 철학자들과 올리브유 시장에서 교역할 때부터 존재한 개념이다. 그것은 바로……:

손실을 복구하는 데 필요한 이익의 비율은 손실이 늘어남에 따라 기하급수적으로 증가한다는 것이다. 예를 들면, 우리가 총자산의 15%를 잃었다면, 이를 보전하기 위해 남은 총자산의 17.6%에 해당하는 수익을 달성해야 한다. 만약 우리가 총자산의 30%를 잃었다면, 이를 보전하기 위해서는 남은 총자산의 42.9%에 해당하는 수익을 달성해야 한다. 만약 우리가 총자산의 50%를 잃었다면, 남은 총자산의 100%에 해당하는 수익을 달성해야 한다.

다음의 작은 표가 이 개념을 설명하고 있다. 나는 내 책상 가까이에 있는 벽면에 이 표를 출력해 붙여 놓고서 자산 관리의 중요성을 되새긴다.

최초 자산 대비 손실 비율(%)	손실을 보전하는 데 필요한 남은 자산 대비 수익 비율(%)
5	5.3
10	11.1
15	17.6
20	25.0
25	33.3
30	42.9
35	53.8
40	66.7
45	81.8
50	100.0
55	122.0
60	150.0
65	186.0
70	233.0
75	300.0
80	400.0
85	567.0
90	900.0

결론

이 책의 시작 부분에서, 나는 다음과 같은 말을 했다. 나는 모든 시장에서 **일관되게** 수익을 창출하는 기술 트레이딩 시스템을 본 적이 없노라고. 추세 추종 시스템은 **방향성 있는** 시장에서는 일관된 수익을 창출하지만, **방향성이 없는** 시장에서는 일관되게 손실을 본다. 그러므로 현명한 방법은 방향성을 정의하는 방법과, 이를 알려진 매개변수 내의 수치화된 척도로 변환하는 방법을 찾는 것이다.

평균 방향성 지수 등급Average Directional Movement Index Rating, ADXR은 이 문제에 대한 내 답이다. ADXR이 최상의 답이 아닐 수도, 최종적인 답이 아닐 수도 있다. 그러나 내가 아는 한 이것은 최초의 확실한 답이다.

여러 차례 시스템을 완성하고 테스트한 이후 '이것이야말로 진정한 방법'이라는 결론을 내렸다. 탐색하고 연구하는 것을 그만두고 그 시스템으로 트레이딩하며 만족하기로 했다. 그러고는 오늘 아침에도 그랬듯 새로운 개념을 탐색하느라 새벽 3시까지 깨어 있었다. 탐색에는 끝이 없다.

새벽의 계시가 계속된다면, 언젠가 트레이딩 시스템에 관한 새로운 책이 출시될지도 모를 일이다.

당신의 투자에 행운이 깃들기를.

| 부록 |

용어 및 약어

ABS	Absolute value	절댓값
ADX	Average Directional Movement Index	평균 방향성 지수
ADXR	Average Directional Movement Index Rating	평균 방향성 지수 등급
AF	Acceleration Factor	가속 지수
ARC	Average Range times Constant	평균 범위×상수
ATR	Average True Range	평균 실제 범위
B_1	Buy Point	매수 지점
C	Close	종가
CSI	Commodity Selection Index	상품 선택 지수
DIFF	Difference between two prices	두 가격 사이의 차이 혹은 간격
$+DI_1$	UP directional indicator for one day	하루 동안의 상승 방향성 지표
$-DI_1$	DOWN directional indicator for one day	하루 동안의 하락 방향성 지표
$+DI_{14}$	Sum of $+DI_1$ for 14 days	14일 동안의 $+DI_1$을 합한 값
$-DI_{14}$	Sum of $-DI_1$ for 14 days	14일 동안의 $-DI_1$을 합한 값
$+DM_1$	UP directional movement for one day	하루 동안의 상승 방향성 움직임
$-DM_1$	DOWN directional movement for one day	하루 동안의 하락 방향성 움직임
$+DM_{14}$	Sum of $+DM_1$ for 14 days	14일 동안의 $+DM_1$을 합한 값
$-DM_{14}$	Sum of $-DM_1$ for 14 days	14일 동안의 $-DM_1$을 합한 값
DX	Directional Movement Index	방향성 지수

DMI라고 표현하기도 했다—역주

EP	Extreme Price	극단값
H	HIgh	고가
HBOP	High Break Out Point	고점 돌파 지점
HIP	High Point	(가격선이 그리는) 고점
HI SIP	Significant High Point	중요한 고점
HSP	High Swing Point	(ASI 선이 그리는) 고점
K	Constant	상수
L	Low	저가
LBOP	Low Break Out Point	저점 돌파 지점

LOP	Low Point	(가격선이 그리는) 저점
LO SIP	Significant Low Point	중요한 저점
LSP	Low Swing Point	(ASI 선이 그리는) 저점
MF	Momentum Factor	모멘텀 지수
O	Open	시가
RS	Relative Strength	상대 강도
RSI	Relative Strength Index	상대강도지수
S_1	Sell Point	매도 지점
SAR	Stop and Reverse Point	정지 및 전환점
SI	Swing Index	스윙 인덱스
SIC	Significant Close	중요한 종가
SIP	Significant Point	중요한 지점
TBP	Trend Balance Point	추세 균형점
TR_1	Today's True Range	오늘의 실제 범위
TR_{14}	Sum of for 14 days	14일 동안의 TR_1을 합한 값
VI	Volatility Index	변동성 지수
$\overline{X}$	Average of the High, Low and Close Price for one day	해당일의 고가, 저가, 종가의 평균

일일 워크시트

파라볼릭 시간/가격 시스템

일자	시가	고가	저가	종가	(1) SAR	(2) EP	(3) EP±SAR	(4) AF	(5) AF×DIFF

상품명: _____ 계약 월: _____

진입	청산	손익	조치 및 주문

일일 워크시트

변동성 시스템

상품명: _____ 계약 월: _____

일자	시가	고가	저가	종가	TR$_1$	ATR	ARC	SAR	조치 및 주문

일일 워크시트

상대강도지수

상품명: _____ 계약 월: _____

(1) 일자	(2) 종가	(3) 상승 마감	(4) 하락 마감	(5) 상승 평균	(6) 하락 평균	(7) (5)÷(6)	(8) 1+(7)	(9) 100÷(8)	(10) 100−(9)

일일 워크시트

방향성 지수

(1) 일자	(2) 시가	(3) 고가	(4) 저가	(5) 종가	(6) TR_1	(7) $+DM_1$	(8) $-DM_1$	(9) TR_{14}	(10) $+DM_{14}$	(11) $-DM_{14}$	(10)÷(9) (12) $+DI_{14}$

상품명: _____ 계약 월: _____

(11)÷(9)	(12)−(13)	(12)+(13)	(14)÷(15)					
(13) $-DI_{14}$	(14) DI 차이	(15) DI 합	(16) DX	(17) ADX	조치 및 주문	ADXR	ATR_{14}	CSI

일일 워크시트

추세 균형점 시스템

일자	시가	고가	저가	종가	MF	TR	$\overline{x}$	TBP

상품명: _____ 계약 월: _____

$\overline{X}-TR$	$2\overline{X}-L$	$\overline{X}+TR$	$2\overline{X}-H$	진입	청산	조치 및 주문
매수 정지점	매수 목표지점	매도 정지점	매도 목표지점			

일일 워크시트

반응 추세 시스템

일자	시가	고가	저가	종가	$\overline{X}$	$2\overline{X}-H$ B_1	$2\overline{X}-L$ S_1	$2\overline{X}-2L+H$ HBOP	$2\overline{X}-2H+L$ LBOP

상품명: _____ 계약 월: _____

진입	청산	손익	조치 및 주문

일일 워크시트

스윙 인덱스 시스템

일자	시가	고가	저가	종가	절댓값 사용				+ 혹은 − 부호 사용			(8) N
					(1) $H_2 - C_1$	(2) $L_2 - C_1$	(3) $H_2 - L_2$	(4) $C_1 - O_1$	(5) $C_2 - C_1$	(6) $C_2 - O_2$	(7) $C_1 - O_1$	

$(\#8) = (\#5) + \frac{1}{2}(\#6) + \frac{1}{4}(\#7)$

#9열 = #1열과 #2열 중 큰 값

(1)열이 제일 클 경우, $(\#10) = (\#1) - \frac{1}{2}(\#2) + \frac{1}{4}(\#4)$

(2)열이 제일 클 경우, $(\#10) = (\#2) - \frac{1}{2}(\#1) + \frac{1}{4}(\#4)$

(3)열이 제일 클 경우, $(\#10) = (\#3) + \frac{1}{4}(\#4)$

(#11) = 한도

$(\#12) = 50 \times (\#8) \div (\#10) \times (\#9) \div (\#11)$

(9) K	(10) R	(11) L	(12) *SI*	(13) ASI	SAR	조치 및 주문

추세에 관한
6가지 트레이딩 시스템

초판 1쇄 발행 2025년 7월 18일

지은이 웰스 와일더
옮긴이 이주영

펴낸곳 ㈜이레미디어
전화 031-908-8516(편집부), 031-919-8511(주문 및 관리)
팩스 0303-0515-8907
주소 경기도 파주시 문예로 21, 2층
홈페이지 www.iremedia.co.kr **이메일** mango@mangou.co.kr
등록 제396-2004-35호

편집 김동화, 이병철, 정서린 **디자인** 이선영 **마케팅** 김하경
재무총괄 이종미 **경영지원** 김지선

저작권자 ⓒ 웰스 와일더, 2025
이 책의 저작권은 저작권자에게 있습니다. 서면에 의한 허락 없이 내용의 전부 혹은
일부를 인용하거나 발췌하는 것을 금합니다.

ISBN 979-11-93394-71-7 (03320)

* 가격은 뒤표지에 있습니다.
* 잘못된 책은 구입하신 서점에서 교환해드립니다.
* 이 책은 투자 참고용이며, 투자 손실에 대해서는 법적 책임을 지지 않습니다.

당신의 소중한 원고를 기다립니다.
mango@mangou.co.kr